释放改革红利

Reform bonus release

本书编写组◎编著

人民出版社

国家行政学院出版社

图书在版编目(CIP)数据

释放改革红利/《释放改革红利》编写组编著 . —北京:国家行政学院出版社,2013.5
ISBN 978-7-5150-0767-0

Ⅰ.①释… Ⅱ.①释… Ⅲ.①体制改革-研究-中国 Ⅳ.①D61

中国版本图书馆 CIP 数据核字(2013)第 096043 号

书　　名　释放改革红利
作　　者　本书编写组　编著
责任编辑　陈　科
出版发行　人 民 出 版 社
　　　　　(北京朝阳门内大街 166 号　100706)
　　　　　(010)65250042　65289539
　　　　　国家行政学院出版社
　　　　　(北京市海淀区长春桥路 6 号　100089)
　　　　　(010)68920640　68929037
经　　销　新华书店
印　　刷　北京合众协力印刷有限公司
版　　次　2013 年 8 月北京第 1 版
印　　次　2013 年 8 月北京第 1 次印刷
开　　本　787 毫米×1092 毫米 16 开
印　　张　7
字　　数　75 千字
书　　号　ISBN 978-7-5150-0767-0
定　　价　19.80 元

序言　改革是中国最大的红利

党的十八大明确指出，全面建成小康社会，必须以更大的政治勇气和智慧，不失时机深化重要领域改革，坚决破除一切妨碍科学发展的思想观念和体制机制弊端。十八大后，习近平总书记调研考察广东时指出："我们要坚持改革开放正确方向，敢于啃硬骨头，敢于涉险滩，既勇于冲破思想观念的障碍，又勇于突破利益固化的藩篱。"李克强总理也多次强调，改革过去是中国最大的红利，未来也将是中国最大的红利。

中国的改革，已走过了三十多年波澜壮阔的风雨历程，释放了巨大的红利，深刻地改变了中国，也深刻地影响了世界。当前，我国改革开放和现代化建设事业正处于关键时期，改革已经进入深水区和攻坚阶段。改革的任务不但没有减轻反而更加艰巨，改革的要求不仅不能放松反而更加紧迫。面对改革发展的新形势、新问题和新要求，正确认识、把握和回答什么是改革红利，为什么要强调释放改革红利，如何释放改革红利和如何分享改革红利等问题，对于坚定信心，凝聚共识，有力地推进改革，更好地促进经济社会持续健康发展，具有重大意义。

一、什么是改革红利

党的十一届三中全会拉开了我国改革开放的序幕。三十多年来,在改革推动下,我国经济社会快速发展,现代化建设取得举世瞩目的成就,国家面貌发生巨大变化。我国经济总量跃居世界第二位,人均 GDP 达到中等收入水平,粮食产量、财政收入、进出口总额、外汇储备等实现了历史性跨越,社会主义经济、政治、文化、社会、生态文明建设取得了重大进展。我国改革和发展所取得的成就,得益于改革带来的红利。有分析认为,我国经济之所以长期快速发展,关键是因为我们实行了以社会主义市场经济为导向的改革,发挥了我国的比较优势,优化了资源配置,在经济全球化时期提高了参与国际分工的竞争力,使经济发展享有了"人口红利"、"资源红利"和"储蓄红利"。综合比较就会发现,这些条件和潜在比较优势在改革开放之前就基本具备,但当时带来的经济社会发展却非常有限。事实上,正是因为我国改革事业三十多年的奋力推进,使得原有的生产要素资源得到重新组合和优化配置,广大人民的积极性、创造性和主动性得到极大发挥,发展潜力得到释放,才有可能创造改革发展的"中国奇迹"。回顾我国改革开放的历史进程,人还是那些人,地还是那些地,物质条件还是那些物质条件,但通过改革破除了制约生产要素优化配置和生产力发展的体制机制障碍,带来生产力的解放、生产效率的提高和物质财富的增长,这正是我们所讲的"改革红利"。

　　红利,原本指的是股份公司在进行利润分配时,由股东所获得的超过股息的那部分利润,红利实际上就是通过"投资"而获得的利润"回报"。推而广之,由投入带来的回报可以称之为发展红利。发展总是依赖于一定的制度条件的,但制度会带来交易成本,好的制度可以降低交易成本,坏的制度则会增加交易成本。改革就是对制度的一种调整和改进,是好制度取代坏制度进而降低交易成本的过程,这可以说是"制度红利"或"改革红利"。制度和体制机制的变革创新就是一种"投资",这种"投资"我们称之为"改革",通过这种"投资"方式所取得的特殊"利润"——改革成果,即为改革红利。换句话说,改革红利就是通过制度创新,降低交易成本,创造发展优势,提高发展效率,进而带来超过原来资源配置方式下所能获得的增量收益和回报。"改革红利"应该是制度红利和新增发展红利的叠加,是制度变化之后而获得的"多出来"的那部分物质财富和有益成果,实质是由于生产要素重新组合和优化配置提高了效率和生产力。举例来讲,假设我国粮食生产在农业经营体制改革之前,产量为每亩 800 斤。在不引入新的生产要素的假设前提下,通过体制机制改革促进现有劳动力、土地等要素资源实现重新组合和优化配置,使得产量达到每亩 1200 斤,那么,改革之后多出来的每亩 400斤就是我们所讲的"改革红利"。

　　如果将"物质财富"和"有益成果"的概念抽象化、一般化为"价值"形态,并按照马克思分析"价值"的逻辑思维方法,则可以将"改革红利"称之为"盈余价值","盈余"即为"多出来"之意,即"改革红利"是通过改革的途径使得现有要素资源进行重新组合和优化配置,而获得的"多出来"的那部分产出价值。西方经济学在阐释全要素生产率理论时也使用了大致相同的方法,也就是除去要素数量投入带来的经济增长之外,剩余部分则是由技术进步、制度创新和要素质量提高带来的"盈余"或"多出来"部分,被称为"全要素生产率"。在这种意义上讲,通过改革体制机制的途径,获得超过在原来资源配置方式下财富产出的那部分价值形态,即为改革红利。

因此,从"改革红利"的定义和本质来看,"改革红利"的内涵主要包含三层含义。第一层含义,通过体制机制变革和创新,降低制度交易成本,是创造改革红利的前提。没有体制机制的变革与创新,就无法有效降低交易成本,获得"多出来"的那部分"盈余价值",改革红利也就无从谈起。第二层含义,通过要素资源重新组合和优化配置,使制度红利进一步转变为发展红利,是创造改革红利的支撑。也就是说,任何一项成功的改革,必须要能够实现要素资源的重新组合和优化配置,促进发展效率的提高,否则就不是成功的改革,也无法释放改革红利。第三层含义,创造改革红利离不开公平公正地分配改革红利,只有做到共同创造和共同分享,才能为持续释放改革红利提供保障。马克思主义基本原理告诉我们,生产和分配是辩证统一的,是一个事物的两个方面。试想,一个股份公司如果不能公平公正地给投资者分配其创造的利润,即分配红利,那么投资者必然就会"用脚投票",设法将资本转移出去,股份公司要进一步创造红利也就无从谈起。改革红利的创造与分配,同循此理,公平公正地分配改革红利,从长远来看,是进一步获得改革红利的有力保障。

二、为什么要强调释放改革红利

改革开放是决定当今中国命运的关键抉择,是坚持和发展中国特色社会主义的必由之路。当前,国际经济形势正在发生深刻变化,我国经济社会发展也面临新发展阶段的新矛盾和新问题,要实现党的十八大提出的战略目标和任务,必须深化改革,不断释放改革红利,持续推动经济社会发展。从实践层面看,我国经济发展已经出现减速趋势,不平衡、不协调和不可持续问题非常突出,扩内需、调结构、转方式、稳增长、惠民生、保稳定,每一项任务都很艰巨,也都离不开深化改革。例如,城镇化蕴涵着我国最大的内需潜力,但健康地推进城镇化,提高城镇化质量和水平,涉及一系列深层次利益关系调整和体制机制障碍,没有改革开路,没有土地制度、户籍制度、公共服务体系等制度创新,很难有序释放城镇化内需潜力。再如,调整结构已经提了很多年了,虽有进展但仍不如意,究其原因,就是没有形成创新活力。经济形势好了,就扩充原有生产能力,造成低水平重复过剩;一旦经济形势出现问题,便靠政府投资来创造市场,拉动经济,如此循环往复。这说明,我国的市场经济体制改革还有很长的路要走,价格机制、竞争机制还没有充分发挥作用,不深化改革便不能更好地发挥市场机制配置资源的基础性作用,难以有效地实现经济结构调整。

释放改革红利是发展的需要,也有很大的潜力和空间。李克强总理在十二届全国人大一次会议记者会上指出,"我国社会主义市场经济还在完善过程中,靠改革进一步解放生产力还有巨大潜力,让改革的红利惠及全体人民还有巨大的空间"。依靠改革来创造红利和共享红利,还有很大的潜力可挖。

从政府层面来看,简政放权、转变政府职能改革还有很大潜力。"改革红利"内涵的第一层含义指出,创造改革红利的前提是体制机制的变革和创新。改革红利就是减少制度性交易成本,实际上是减少和放松管制,不断向企业、社会和个人放权,增强发展的自主性。改革的历史进程表明,环境越宽松的地方,管制越少的领域,发展的活力越大,生产力的发展越迅速。从这种意义上讲,我国的改革红利就是放权放出来的,就是政府职能转变转出来的。目前,政府部门对微观经济活动的干预仍然较多,行政性审批方式在资源配置方面还占据很高地位,法治型政府和服务型政府还没有真正地建立起来,行政性垄断经营改革并没有取得实质性进展。经验表明,我国的改革政府是关键,政府不改,市场难活,甚至变形扭曲。因此,简政放权、转变政府职能潜力很大,应当成为我国深化行政体制改革攻坚战的中心环节和着力点。要按照党的十八大提出的要求,正确处理好政府和市场的关系,厘清和理顺政府与市场、政府与社会之间的关系,加快政府职能转变,深化行政审批制度改革、政府机构改革等,建设现代政府,进一步释放改革的红利。

从市场层面来看,要素资源的重新组合和优化配置还有巨大的潜力。"改革红利"内涵的第二层含义指出,创造改革红利依赖于发挥市场作用,优化资源配置,更好地支撑发展。在市场经济条件下,价格是实现要素资源优化配置最重要的信号，而我国的资源性产品定价机制还不能真实完全地反映资源价值，还不能充分发挥对经济行为、利益关系、经济活力、经济结构的积极调节引导作用。受到改革滞后影响，劳动力、土地、资本、技术等要素的自由流动和有效配置还存在很大障碍，没有得到最优化配置。通过价格改革和破除垄断，加强和改善宏观调控，建立健全市场机制，还有很大的潜力，能够释放出巨大的改革红利。一是深化资源性产品价格改革，使价格能够正确地反映资源的稀缺程度，促进资源优化配置。二是深化户籍和就业制度改革，统筹城乡劳动力市场，让更多的农村剩余劳动力释放出来。三是深化土地制度改革，严格保护和合理有效利用土地，优化城乡土地资源配置。四是深化财政金融体制改革，积极稳妥地推进财税改革和利率、汇率市场化进程。五是深化教育科技体制改革，不断释放技术创新的活力和潜力。只有深化市场取向改革，才能将改革的红利、内需的潜力、创新的活力叠加起来，形成改革的新动力。

从社会层面来看，让广大人民共享改革红利还有巨大的空间。"改革红利"内涵的第三层含义指出，创造改革红利必须公平公正地分配改革红利，这是改革三十多年后利益关系变化的要求，是持续释放改革红利的保障。党的十八大鲜明指出，要"不断在实现发展成果由人民共享、促进人的全面发展上取得新成效"。事实上，让广大人民共享改革红利，让改革的红利惠及全体人民，始终是我国改革的出发点和落脚点。如果说我国前三十多年的改革主要是广大人民创造改革红利的话，那么，未来三十年应当是广大人民更多共享改革红利的时代。改革从打破大锅饭、破除平均主义起步,是一次解放思想,凝聚了共识,推动了改革,创造了红利。在现阶段,面对发展严重失衡和收入差距不断扩大的现实,需要统筹处理好效率与公平的关系,更加强调促进公平正义的重要性。深化改革就是要进一步调动广大人民的积极性和创造性,而没有公平公正的社会环境,没有平等的竞争机会,就很难形成改革共识,甚至带来严重的社会问题,也就谈不上释放改革红利。当前,在改善民生、促进社会公平公正等方面的改革环节还比较薄弱,让改革红利惠及全体人民还有巨大的空间。一是要深化收入分配体制改革,着力增加劳动者收入特别是低收入群体收入,抑制收入差距扩大趋势。二是要深化社会保障和基本公共服务体制改革,不仅要建立而且要不断加固社会保障兜底的安全网,真正实现十八大提出的"学有所教、劳有所得、病有所医、老有所养、住有所居"的目标,使改革红利更多地体现为民生红利。三是加快推进生态文明建设,促进资源集约利用和环境保护,建立可持续发展的生态安全网,把改革红利进一步变成生态红利。四是配套推进政治体制和文化体制等上层建筑领域改革,充分保障人民群众参与改革和分享改革红利的权利,维护社会公平正义与和谐稳定。

三、进一步释放改革红利的原则和路径

我国改革已进入深水区和攻坚阶段,深化各领域改革,不断取得新突破,进一步释放改革红利,事关社会生产力能否进一步发展,

事关社会主义现代化事业的目标能否顺利实现,事关我们能否成功地把中华民族伟大复兴的中国梦变为现实。改革是决定中国命运的重大决策,改革开放三十多年来的每一个阶段和每一项重大改革,都是在解放思想、凝聚共识、攻坚克难的坚定决心中取得成功的。

在改革起步阶段,我们曾经有过实践是检验真理标准的大讨论,那是一次解放思想、形成改革共识的过程,是改革扬帆启程的前提。上世纪 90 年代初期,围绕邓小平南方讲话也有一次大讨论,摒弃了姓"社"姓"资"的僵化思想,达成了社会主义市场经济体制改革目标的共识,为改革指明了方向。本世纪初,在申请加入 WTO 进入最后阶段,社会上也曾围绕怎样对待全球化和加入 WTO 的利弊产生了很大争论,最终也在实践中达成了共识,使我国成为了全球化红利的重要分享者。每一次共识的形成,都把改革引向了深入,进而创造了改革红利。这也是我国"摸着石头过河"的渐进式改革路径和方法的重要体现。

目前,关于深化改革的必要性,大家认识比较一致。关于深化改革的内容和重点虽有分歧,但分歧不大。比较难以达成共识的问题,集中在深化改革的方向和路径上,党的十八大之前和之后,相关问题仍然是热议的重点。进一步释放改革红利,必须认真总结经验,深入研究讨论,科学把握深化改革的方向和路径,遵循 些基本原则和基本方法。

第一,坚持社会主义市场经济体制改革方向。我国改革事业的纵深推进最终要落脚到让广大人民共享红利上来,这与"解放生产力,发展生产力,消灭剥削,消除两极分化,最终达到共同富裕"的社会主义本质是一脉相承的,改革就是不断探索社会主义与市场经济相结合的过程。毋庸讳言,近些年随着改革进入深水区和攻坚阶段,针对实践中出现的问题,比如收入差距过大、官员腐败寻租、公民权利受到侵害等具体问题,有些同志提出了一些非议,甚至对社会主义市场经济体制的改革目标产生怀疑和动摇。我国在每一次重大改革面前都有些质疑的声音,给改革造成很大的阻力,这是在所难免的。但需要指出的是,发展中的问题要用发展的方法去解决,改革中出现的问题也必须用改革的办法去解决,不应因为具体问题而怀疑和否定改革的大方向。我们要以马克思主义辩证唯物主义的观点来认识改革中所出现的种种问题,正确地看待局部性问题与全局性问题,科学分析改革中的某些具体问题与改革大方向的关系,稳妥处理和不断解决改革中出现的具体问题,牢牢把握社会主义市场经济体制的改革方向不动摇。

第二,要以更大的政治勇气和智慧深化改革。当前,我国社会结构和利益格局发生深刻变化,各方面要求加快改革的呼声十分强烈,但改革达成共识、形成合力的难度也在加大。深化改革必然触及更深层的利益关系,涉及更广泛的领域,要求更综合的配套,这是改革进入深水区和攻坚阶段的鲜明特点。经济体制、政治体制、文化体制、社会体制、生态文明制度等方方面面的改革相互交织在一起,改革真正成为一项庞大的系统工程。实际上,对于深水区和攻坚期改革难度增大的问题也要辩证地看,历史上每一次重大改革的启动也都面临很大的难度,农村的改革、价格改革、国企改革都曾面临很大风险,而且这些改革也不具备现阶段已经积累起来的改革经验和物质条件。因此,强调不失时机地以更大的政治勇气和智慧推进改革,着眼点就是一个信心和决心问题。改革如逆水行舟,不进则退,不干可能不犯错误,但要承担历史责任。触及利益比触及灵魂更难,只要真能以壮士割腕的决心和意志推进改革,相信不仅能够改变观念,也可以调整利益。改革是发展的需要,是人民的愿望,付出必要的代价和成本也是在所难免的。邓小平曾告诫我们,"胆子要大,步子要稳,走一走,看一看","关键是要善于总结经验,哪一步走得不妥当,就赶快改",这些话对于今天深化改革仍具有很强的指导意义。

第三,深化改革要有科学的理论作指导。改革是一项前无古人的伟大事业,是有风险的,因为改革涉及人民的切身利害问题,每一步都会影响到亿万人民。过去改革靠问题导航,现在问题越来越多,矛盾越来越复杂,没有理论指导和精细设计不行。未来改革应该加强理论指导,也就是要有顶层设计,有前瞻性和预见性,提前研判未来风险点在哪些地方,有准备有预案,而不能等到问题积累到非常严重了,甚至风险变成危机了,再去改,那样成本和风险都会增大。党的十八大强调加强改革顶层设计,增强改革的整体性和协调性,就是强调理论指导的重要性。在深化改革的过程中,必须坚持中国特色社会主义理论指导,适应国内外形势的新变化,顺应广大人民的新期待,进一步加强对改革规律的研究,深化对改革规律的认识,提高对改革规律的把握能力,最大限度地降低改革的风险。要坚持科学决策、民主决策、依法决策。要按照服务决策、适度超前的原则,建设高质量的改革智库,探索新型智库的组织形式和管理方式,充分发挥专家学者作用,为中央科学决策提供高质量的智力支持,为改革提供科学的专业理论支撑。加强人民群众对改革的参与,不断完善利益诉求表达机制,使每项改革决策建立在利益最大公约数的基础之上。加强依法推进改革,这是在深水区和攻坚期有效降低改革风险的重要举措。

第四,要继续允许"摸着石头过河"。由于改革的阶段不同,面临的矛盾和复杂性不同,深化改革需要顶层设计,但也必须把顶层设计和基层创新更好地结合起来。顶层设计不是坐在办公室里闭门造车,而是要把顶层设计建立在实践的基础上。要看到,顶层设计借用工程学概念,不可能完全适合社会问题。把未来几十年后的改革任务路线图和时间表都设计得很清楚也有难度,社会问题具有复杂性和矛盾性,需要摸着石头过河。要把两者结合,一方面,坚持搞好顶层设计,从全局上对改革的整体思路、战略取向进行通盘考虑,以加强改革的整体性、系统性和协同性,最大限度地减少改革的系统性风险。另一方面,坚持摸着石头过河,积极汲取广大人民的改革智慧,尊重基层和群众的首创精神,坚持我国三十多年改革自下而上、由易到难的渐进式改革路径。当然,改革实践中有了好的做法、好的经验,也应当注意进行比较、优化和提炼,对经过实践证明符合改革规律的地方和基层经验、做法,应当积极加以总结和推广,适时上升到法律和制度层面,以不断巩固改革成果。

我国未来的改革之路依然任重道远。我们要按照党的十八大的总体要求,做好打改革攻坚战和持久战的各项准备,以重点领域和关键环节改革为突破口,最大限度地释放和创造改革红利,最大限度地让广大人民共享改革红利,为全面建成小康社会和实现中华民族伟大复兴的中国梦而不懈努力。

慕海平　张占斌

目　录

第一章　深化经济体制改革

张占斌[*]

　　党的十八大站在时代的制高点,开启了中国改革开放事业的新征程。十八大明确指出:"必须以更大的政治勇气和智慧,不失时机深化重要领域改革","全面深化经济体制改革"。习近平同志强调,我国改革已进入攻坚期和深水区。要敢于啃硬骨头,敢于涉险滩。李克强同志在2012年全国综合配套改革试点工作座谈会上提出"改革是中国最大的红利",并强调"让群众过上更好生活,依然要靠改革开放"。经济改革作为改革开放的主攻方向和核心问题,事关我国改革事业的成败与否。因此,坚定信心、凝聚共识、统筹谋划、协同推进,全面深化经济领域的改革,破除妨碍经济改革的思想观念和体制机制弊端,进一步释放经济改革的红利,这对于我国形成新的经济发展方式、全面建成小康社会和社会主义现代化国家具有全局性的战略意义。

一、以往的经济改革释放了巨大的红利

　　改革开放是国家发展进步的根本动力,经济改革是关系我国改

---

　　* 张占斌,国家行政学院经济学教研部教授。

革开放成败的关键领域。自 1978 年以来三十多年的经济体制改革,创造和释放了巨大的改革红利。从总体上来看,我国的经济体制改革是从计划经济体制最为薄弱的环节——农村开始的,这一历程大致可以划分为"改革启动阶段"、"改革全面展开阶段"、"初步建立社会主义市场经济体制阶段"、"社会主义市场经济体制攻坚阶段"四个阶段。

在改革启动阶段,安徽凤阳小岗村率先开启了中国经济体制改革的历史序幕,并突破了农村长期实行统一经营、统一分配的生产经营体制,推行了"包干到户"家庭联产承包责任制,这一改革有力地动摇和瓦解了人民公社体制的基础,使得农业经营方式实现了由集体经营向家庭承包经营的根本性转变,农民得到极大好处,粮食产量迅速增长。

从中共十二届三中全会召开到邓小平南方谈话前夕,这是我国改革的全面展开阶段,这一阶段经济体制改革的重点逐步从农村转向城市。党的十二届三中全会确立了经济体制改革的目标是"建立有计划的商品经济",这是第一次正式将"商品经济"写进党的文件,并将"增强企业活力"作为改革的中心环节。上个世纪 80 年代末进行的价格改革,通过"双轨制"逐步引入市场机制,从根本上打破了由计划配置资源的单一途径,为发挥市场竞争作用、增强企业活力奠定了基础。

从 1992 年春到 2003 年 10 月,是初步建立社会主义市场经济体制的阶段。邓小平的南方谈话极大地解放了人们的思想,中共十四大第一次明确地提出我国改革的目标是"建立社会主义市场经济体制",十四届三中全会提出将国有企业改革作为经济体制改革的中心环节。国有大型企业逐步建立起现代企业制度,在优势领域和国有经济命脉部门逐渐发挥主导作用,并在全球配置资源、增强国际竞争力中起到了领头羊的作用,为创造国企改革红利做出了巨大的贡献。

以党的十六届三中全会为标志,我国改革开放进入了社会主义市场经济体制的攻坚阶段。这一阶段经济改革的主要特点是以科学发展观为指导,坚持市场化导向,经济各项改革及配套改革纵向全面推进。改革红利进一步得到释放。

具体地来看,我国三十多年经济改革的红利释放主要表现在以下几个方面:

第一,农村改革红利。解决好农业农村农民问题是全党工作重中之重,农村改革红利的释放,有力地维护了中国全社会的安定和整个国民经济的发展。家庭联产承包责任制的推行,率先拉开了中国经济改革的序幕,这一改革极大地促进了中国农业的恢复和发展,促使中国农业和农村发生了巨大变化,农村改革红利得到极大的释放。农村税费制度改革、社会主义新农村建设、统筹城乡和城乡经济社会一体化发展等战略性的体制改革,为促进农业的发展、农村的繁荣、农民的富裕和农村改革红利的有效释放奠定了坚实的基础。据统计,2012 年全国粮食总产量为 58 957 万吨,实现了"九连增",粮食基本能够自给;农村居民人均纯收入达到 7 917 元,农村增收实现了"九连快"。

第二,价格改革红利。价格机制是市场经济最有效的调节手段,价格体系的改革是整个经济体制改革成败的关键。党的十二届三中全会拉开了价格改革的序幕。上个世纪 80 年代末,我国加快了价格改革步伐,对积极理顺价格做了有益的探索。此后,商品服务和生产要素的市场化改革不断取得实质性进展,在进入新世纪以后,我国又着重推进要素和资源产品价格的市场化进程,加强对垄断行业价格的监管,为实现资源的优化配置和经济结构调整,建立起社会主义市场经济的价格体制,进一步释放价格改革红利提供了有力的支撑。到上个世纪 90 年代初期,80％以上的实物商品和服务价格均已放开,由市场调节。截至目前,我国除了利率、汇率、石油、土地等采取有管制的价格政策之外,其余的基本都由市场定价,我国市场化的价格体系已经初步形成。

第三,国企改革红利。国有企业是社会主义所有制结构的重要载体,国有企业的做大做强事关国家安全和国家竞争力的实现。20世纪 80 年代国企改革实现了"放权让利"、"利改税"的既定改革目标,对促进政企分开、调动企业的生产经营积极性、初步释放国企改革红利产生了积极的作用。十四届三中全会确立以建立"产权清晰、权责明确、政企分开、管理科学"的现代企业制度为改革目标,国企改革进入攻坚阶段。国有经济结构的战略性调整、企业制度创新、国有资产管理体制改革创新等为支持国有大型企业做大做强、国有资产保值增值、国企改革红利有效释放等提供了体制保证。截止到 2012 年底,我国大型中央企业数目已经减至 115 家,"抓大放小"政策得到贯彻落实;中石化、中石油等企业进入全球 500 强企业的前十强,并有三十多家大型央企进入世界 500 强。

第四，财税改革红利。财税体制改革影响着收入分配体制、中央与地方政府的财政关系、财政决策权等一系列事关经济社会全局的改革。从建国之初高度集中的财税体制，逐步过渡到中央统一领导下的分级管理，再到分税制的管理体制，我国的财税体制为不断地与社会主义市场经济体制接轨、不断地向公共财政体制转变、不断地释放财税改革红利提供了有力的保障。同时，在支持国有企业税收改革、农村税费改革、个人所得税改革等方面，财税改革同样为广大农村家庭和人民群众共享改革红利做出了巨大的贡献。据统计，我国 2012 年公共财政收入达到 11.7 万亿元，较之 1978 年的 1 132 亿元有了很大的提高，政府的公共产品供给和宏观调控能力得到有力的提升。

第五，人口红利。人口红利的释放是我国改革开放三十多年来实现经济起飞的重要原因。从 1952 年到 1978 年，随着重工业优先发展战略的实施，我国逐步建立了城乡二元户籍制度，城乡之间的劳动力流动几乎处于停滞状态，严重阻碍了劳动力生产要素的资源配置。到上世纪 80 年代初期，我国提出了"劳动部门介绍就业、自愿组织起来就业和自谋职业相结合"的改革思路，旧的就业体制开始被打破。十四届三中全会提出了劳动力市场的构想，并确定了劳动力就业体制改革的基本路径，这为我国释放巨大的人口红利指明了改革的方向。我国的农村劳动力源源不断地从内地转移到东部沿海地区，东部沿海企业利用劳动力成本低廉的比较优势，创造了巨大的人口红利。据统计，从 1978 年到 2012 年底，从农村转移出来的劳动力年均超过一千万人，这为我国的经济社会发展做出了巨大贡献。

第六,对外开放红利。中国经济体制改革的三十多年,对内改革与对外开放始终相互促进、相互依赖。对外开放,是中国自1978年以来实行的一项基本国策,是在借鉴发达国家发展历程、研究世界经济发展趋势的基础上的重大实践。1979年和1980年,深圳、汕头和厦门试办经济特区,这是我国释放对外开放红利的初始阶段。此后,大连、秦皇岛、天津等14个沿海港口城市进一步实施开放政策,南京、武汉、重庆等沿江、沿边及内陆省会城市进入全面开放的阶段。我国在2001年11月成功加入世界贸易组织,国际地位迅速提高。这些对外开放措施为深化外贸体制改革、有效释放对外开放红利、促进国内经济社会的快速发展提供了可靠的保证。据统计,我国2012年贸易进出口总额为3.87万亿美元,位居世界第二,并连续四年成为世界最大出口国和第二大进口国,外汇储备超过3万亿美元,连续六年位居世界第一位。

二、制约经济改革红利释放的突出问题

我国三十多年经济改革的历程充分说明,只有改革才能破除制约经济进一步发展的瓶颈,只有改革才能充分释放经济建设的红利,只有改革才能实现国民经济的健康可持续发展。应当说,我国的经济社会发展正处于重要战略机遇期,经济改革仍处于攻坚阶段,尽管我国的经济体制建设较之改革开放以前有了翻天覆地的变化,但经济改革中出现的不平衡、不协调、不可持续、不包容、不配套

等问题和矛盾十分突出,这些问题和矛盾极大地制约了改革红利的进一步释放。

第一,不平衡的问题。我国经济体制改革的三十多年历程中,国企改革红利、价格改革红利和对外开放红利的有效释放,为我国实现产业结构的优化升级、建立出口导向型经济和区域经济的快速发展提供了强有力的支撑。但应当看到,随着改革开放的纵深推进,我国第一产业基础不稳、第二产业核心竞争力不强、第三产业比重过低的问题仍然突出。需求结构失衡、过分依赖外贸出口、抵御国际经济风险的能力较弱、国内需求不足等问题在国际金融危机爆发后很快显现出来。同时,区域结构失衡、城乡结构失衡等经济结构不合理的问题进一步暴露,区域之间、城乡之间发展的差距在不断扩大,经济社会的不稳定因素在增多,这些不平衡因素严重制约着改革红利的进一步释放,亟待加以解决。

第二,不协调的问题。农村改革红利、财税改革红利的释放,应当说为我国协调城市与农村、中央与地方政府的关系做出了巨大的贡献。但由于我国经济体制改革仍处于攻坚阶段,经济关系中政企不分、政资不分、政社不分、政事不分的不协调问题仍比较突出。财税体制的一些不足也在逐步凸显,比如,财税体制的不合理,导致中央和地方政府的财力与事权不匹配,县级政府提供公共产品和公共服务的保障能力非常有限,这些不协调问题制约着改革红利的进一步释放。现代金融体系有待完善,与实体经济的不协调制约着产业的发展和经济的增长,同样不利于改革红利的释放。

第三,不可持续的问题。我国的经济体制改革为经济发展提供了制度保证,但由于资源性产品价格改革、财税体制改革等方面的滞后因素,使得我国走着高投入、高消耗、高污染、低产出的经济发展路子。原油、原煤、天然气、水等重要资源性产品的价格形成机制主要是非市场定价,市场机制在反映资源的稀缺程度方面的作用还非常有限,企业在使用资源性产品时往往不能按照这些产品的真实市场价格进行资源的有效配置。同时,资源税等税收调节机制发挥资源配置的引导作用还非常有限,生态红利严重透支,这使得经济发展中的资源得不到高效利用、环境压力进一步加大、雾霾等天气频频发生等不可持续的问题日益凸显。

第四,不包容的问题。党的十八大明确指出,要"不断在实现发展成果由人民共享、促进人的全面发展上取得新成效"。实现广大人民群众创造改革红利和共享改革红利的有机结合,应当是我国经济体制改革的出发点和落脚点。但由于教育体制、医疗体制、社会保障体制等体制改革的滞后,城乡居民在基本公共服务的普惠化、均等化方面还存在着较大的差距。随着我国城镇化进程的加速,农业转移人口不能被城市接纳和融合、公共服务缺失等不包容的问题十分突出。农村转移人口的就业机会受到城市居民的排挤、就业岗位受到限制等不包容性问题,同样亟待破解。这些不包容的问题,制约着人民创造改革红利的积极性,自然就制约着改革红利的释放。

第五,不配套的问题。社会主义市场经济体制改革并不是孤立进行的,而是在政治体制、文化体制、社会体制和生态文明制度等一系列综合配套改革的协同推进中,才能有效地达到改革的初衷和目标,改革红利才能综合性地得到释放。我国当前国有企业改革、财政体制改革、金融体制改革等经济领域的改革,要求相应的政治、社会等体制改革作为综合配套改革,要求政府职能、权限等进行改革和转换,要求教育、医疗、社会保障等社会体制改革协同跟进。而我国当前政治体制、社会体制等改革的滞后,使得综合配套不完善,"横向协同"效应不足,改革共识和合力难以达成,这严重制约着经济体制改革的纵深推进,影响着改革红利的进一步释放。另外,一些综合性的改革试点地区,其相应的配套改革措施往往难以持续跟进,也影响着改革红利的释放。

三、进一步释放经济改革红利的基本思路

改革的根本任务是解放和发展生产力。当前,社会结构和利益格局正在发生深刻变化,不同利益主体的博弈成为影响改革的突出因素。改革达成共识和形成合力的难度在加大,改革的积极性和动力在削弱,改革的顶层设计和统筹安排的要求在提高,改革已经步入深水区,已进入攻坚阶段。因此,我们必须全面深化经济改革,进一步释放改革红利。基于对我国经济改革的总体回顾和突出问题的认识,深化经济改革的基本思路可以从以下几个方面着手:

一是创造改革红利与共享改革红利相结合。我国经济体制改革三十多年的历程充分地说明,人民群众是创造改革红利的主体,

只有当人民群众的改革积极性高涨时,改革事业才能有序地向前推进,改革的红利才能得到有效释放。当前,经济体制改革中不协调、不包容等问题使得城乡之间、区域之间、行业之间的差距在不断扩大,收入分配体制改革滞后等原因导致高收入群体和低收入群体的差距在不断拉大,这就在某种程度上影响到广大人民群众对改革的积极性。因此,让广大人民群众共享改革发展的成果,这是经济改革的出发点和落脚点。

二是市场导向与政府推进相结合。回顾我国三十多年经济体制改革的历程,实质是由高度集中的计划经济体制向社会主义市场经济体制转变的过程。从改革开放前高度集中的计划经济,到十二届三中全会提出的"有计划的商品经济",再到党的十四大对社会主义市场经济改革目标的最终确立,其本质是由计划经济逐步向市场经济转轨的过程。因此,我国在深化经济体制改革的进程中,必须充分发挥价格机制、供求机制和竞争机制在市场经济中的杠杆作用,更大地发挥市场在资源配置中的基础性作用,最大限度地为不同的经济主体创造公平竞争的市场环境。同时,要更好地发挥政府在经济体制改革中的作用。党的十八大报告明确指出,"经济体制改革的核心问题是处理好政府和市场的关系"。在进一步释放改革红利的进程中,必须遵循市场导向与政府推进相结合的基本思路。

三是顶层设计与发挥基层首创精神相结合。我国的经济体制改革发轫于农村经营体制改革,这种改革主要遵循的是自下而上、由易到难的改革模式,遵循的是"摸着石头过河"的渐进式改革。过去经济体制改革中出现的"一放就乱、一收就死"的怪圈,其根本原因就在于改革缺乏整体性、系统性。我国当前的经济体制改革已进入深水区,过去相对容易的改革已经改得差不多了,剩下的改革需要啃"硬骨头"。因此,解决这些矛盾和问题的根本出路在于加强顶层设计,从全局上对改革的整体思路、战略取向进行顶层设计,以加强经济体制改革的整体性、系统性和协同性。我们也要看到,人民群众是改革红利的根本创造者,在经济体制改革中,要尊重人民首创精神,注意发挥广大人民的积极性、创造性和主动性。

四是综合配套与改革试点相结合。中国在确立社会主义市场经济体制为经济改革目标模式之后,政治体制、文化体制、社会体制、生态文明制度等改革就必须与发展社会主义市场经济体制相适应、相配套,只有相关领域的配套改革深入推进,才能有效地配合和推动经济体制改革。比如,我国一些经济领域的改革,包括国有企业改革、财税体制改革、价格改革等,都离不开相关领域的综合配套改革。深化我国经济体制改革,要着力进行综合配套,促进各个领域的改革共同深化、相互促进、良性发展,为完善社会主义市场经济体制提供重要保障。对于那些牵一发而动全身的改革领域,要加强改革的试点工作,通过改革试点积累经验,再在全国范围内进行推广。

五是有序推进与重点突破相结合。我国的经济体制改革遵循的是渐进式而非激进式的改革模式,这是我国经济改革道路的一个基本特征。改革前进的每一步都是采取循序渐进、有步骤、有阶段的方式推进,都是在人民群众的实践探索和制度创新的基础上有序地推进。我国的经济体制改革始终立足于社会主义初级阶段这一基本国情,先农村改革后城市改革,先局部探索后全面推开,先计划经济体制后过渡到社会主义市场经济。因此,我国在深化经济体制改革的过程中,必须有序推进。

四、释放经济改革红利需要进行重点突破

2013 年全国人大《政府工作报告》明确指出,"要深化重要领域改革,增强经济社会发展的内在活力","全面深化经济体制改革","进一步完善社会主义市场经济体制",并对我国当前经济改革做了具体的部署。李克强总理明确表示,持续发展经济、不断改善民生、促进社会公正是中国新一届政府当前改革和发展必须着力解决的三项任务。我国的经济改革事关能否进一步释放改革红利,事关改革开放事业的成败与否,事关经济社会的稳定可持续发展。我们必须按照党的十八大的要求,坚定信心、凝聚共识、统筹谋划、协同推进,在能够释放出巨大改革红利的重要领域,打好攻坚战,实现重点突破。

一是释放城镇化红利。以人为本的新型城镇化是我国未来扩大内需的最大潜力所在,也是我国未来释放改革红利的巨大潜力所在。2012 年我国的城镇化率已达到 52.6%,但质量不高,扣除 1.6 亿农民工,实际城镇化率只有 36%。要通过进一步深化土地制度、户籍制度、社会保障制度等配套制度的改革,推进人口的城镇化,释放消费和投资需求,提高城镇化的质量,深入挖掘城镇化发展红利,助推打造"中国经济升级版"。

二是释放企业创新红利。科技创新是提高社会生产力和综合国力的战略支撑，释放企业创新红利是我国深化经济改革的重要目标。与世界经济强国相比较，我国在科技创新方面还存在很大差距，关键是企业创新能力有待提升。我们必须充分释放企业创新红利，为保证我国未来经济持续健康发展提供源源不断的内生动力。

三是释放"新人口红利"。我国经过三十多年的经济改革，农村转移了大量的剩余劳动力，东部沿海企业发挥了劳动力低廉的比较优势，人口红利为我国经济社会发展做出了巨大贡献。在深化改革的新阶段，我们必须加强教育体制、科研体制等领域的改革，加大人力资本的投入力度，着力提高劳动者素质，建设人力资源强国，释放"新人口红利"。

四是释放结构调整红利。结构调整红利是我国未来改革的重要红利空间。目前，我国需求结构、产业结构、区域结构、城乡结构失衡的问题较为突出，要通过推进经济结构战略性调整，实现经济结构的优化，加快转变经济发展方式，进一步释放结构调整红利。

五是释放生态红利。我国资源和环境对经济发展的制约因素进一步加大，生态红利严重透支，广大人民对生态和环保制度的改革诉求很高。因此，我们必须加大生态文明制度改革的攻坚力度，进一步释放生态红利，使食品更加安全，空气更加清新，水更加清洁，环境更加美好。

具体来讲，要继续深化所有制、财税、金融、价格、收入分配等各个领域的改革，进一步释放经济改革红利，让广大人民共享改革发展成果，为我国全面建成小康社会和实现社会主义现代化提供强有力的改革支撑。

第一,深化所有制改革,打破行政性垄断经营。这是深化经济改革的基本前提,是保障改革红利有效释放的核心问题。我国所有制改革的实质是公有制经济的实现与非公有制经济的发展问题。公有制经济在国民经济中占主导地位,这是社会主义制度的本质要求,而非公有制经济的发展则是经济社会不断向前发展的重要保证。因此,必须牢牢坚持党的十八大提出的两个"毫不动摇":一方面,要毫不动摇地巩固和发展公有制经济,全面推进国有经济战略性调整,推动国有大型企业实现整体上市,充分发挥国有企业在促进产业升级、参与国际竞争、提升综合国力等方面的重要作用,不断增强国有经济活力、控制力、影响力。另一方面,要毫不动摇地鼓励、支持和引导非公有制经济的发展,鼓励和支持中小民营企业的发展。要继续深化政府机构改革,转变政府职能,大幅度减少行政审批,打破行政性垄断经营,着力消除各种制度性障碍,破除阻碍民间投资的"玻璃门"、"弹簧门"等体制障碍,保障各种所有制经济主体依法平等使用生产要素、公平参与市场竞争。落实和完善对成长型、科技型、外向型小微企业的财税支持政策,继续推进"新36条"的实施。

第二,深化财税体制改革,有效保障和改善民生。财税体制在宏观调控、调整收入分配结构、供给公共产品等方面起着主导作用,这是我国当前尤为重要和迫切的一项改革,必须坚定信心、凝聚共识、有序推进。深化财税体制改革,应进一步理顺各级政府财政分配关系,优化收入划分和财力配置,实现中央和地方财力事权相匹配。优化转移支付结构,提高一般性转移支付规模和比例,减少归并部分专项转移支付项目,加快形成统一规范透明的财政转移支付制度。建立完善县级基本财力保障机制,增强县级政府提供基本公共服务的能力,促进城乡统筹发展。完善预算管理制度,增强预算编制的科学性和准确性,提高预算执行的及时性、有效性和安全性,增强预算透明度,提高财政资金使用效益。改革个人所得税,完善财产税,推进结构性减税,减轻中低收入者和小型微型企业税费负担,形成有利于结构优化、社会公平的税收制度。"十二五"时期应全面完成"营改增"改革,同时调整增值税分成比例,理顺中央与地方分配关系。总之,通过深化财税体制改革,完善公共财政体系,为保障和改善民生、全面建成小康社会服务。

第三,深化金融体制改革,构建稳健的金融体系。金融是现代市场经济的核心,深化金融体制改革对于促进实体经济发展、巩固社会主义市场经济体制具有重要意义。稳步推进利率市场化改革,使利率能够灵敏地反映资金供求情况,以实现资金的优化配置,缓解内外部经济的不平衡,增强金融机构间的竞争。加强金融机构公司治理,推进现代金融企业制度建设,健全金融组织体系,这是金融机构改革的核心内容,也是金融机构健康可持续发展的重要基础。加快发展资本市场,完善分层有序、互为补充的现代金融市场体系,不断提高金融市场化程度,这对于降低企业的直接融资成本、促进实体经济发展具有重要意义。要强化金融监管和调控能力,加强金融系统的流动性风险管理,切实防范和化解金融风险,维护金融体系的稳健高效运行,这是我国金融体制改革适应全球化发展的必然要求。

第四,深化资源产品价格改革,理顺价格调节体系。价格机制是市场经济的核心机制,价格改革的目的是要建立反映市场供求和资源稀缺程度的信号传递机制,应当按照要素市场化的原则深化价格改革,进一步理顺价格调节体系,以促进结构调整和资源保护。应当说,我国一次能源价格是比较高的,但资源产品价格改革的视野应更开阔一些,应该放在整个资源和环境这样一个角度去考虑。将淡水、电、天然气、成品油等价格改革放在优先位置,通过价格杠杆作用促进土地资源、水资源、能源资源等的节约和有效使用。据统计,我国当前居民用水价格成本占居民可支配收入的平均比例不到1%,远低于世界银行建议的3%到5%。长期福利性的低水价不利于保护水资源,今后应当逐步提高水价。在价格改革过程中,要同步推进产权制度改革,推进国有资源、公共资源的确权工作。同时,应尽可能地引入竞争机制,打破垄断,破除大量资源通过不规范甚至违法渠道转化成了个人财富的体制机制因素,推动经济发展方式转变,为进一步释放改革红利奠定基础。

第五,深化收入分配体制改革,促进社会公平正义。收入分配体制改革是一项事关全局的改革,事关广大人民群众能否共享深化改革所带来的红利。2013年2月5日,国务院批转了《关于深化收入分配体制改革的若干意见》,这是指导我国深化收入分配体制改革的一个纲领性文件。收入分配制度是经济社会发展中一项带有根本性、基础性的制度安排,是社会主义市场经济体制的重要基石。当前,我国已经进入全面建成小康社会的决定性阶段,要继续深化收入分配体制改革,优化收入分配结构,促进社会公平公正,调动各方面的积极性,促进经济发展方式转变,实现改革红利由全体人民共享。一方面,要坚持按劳分配为主体、多种分配方式并存,坚持初次分配和再分配调节并重,继续完善劳动、资本、技术、管理等要素按贡献参与分配的初次分配机制。另一方面,要加快健全以税收、社会保障、转移支付为手段的再分配调节机制,努力实现居民收入增长和经济发展同步、劳动报酬增长和劳动生产率提高同步,逐步形成合理有序的收入分配格局。

第六,深化土地、户籍、社会保障等制度改革,增强改革的综合配套性。我国的改革已经步入深水区,各种利益关系相互交织,要进一步深化经济体制改革,最大限度地释放改革红利,就必须加强综合配套改革。要加强农村地权制度的建立,深化户籍制度的改革,着力提高社会保障的水平,进一步加大教育体制、科研体制、卫生医疗体制等改革的力度,为释放城镇化红利、企业创新红利、经济结构调整红利、"新人口红利"等提供配套支撑。值得重点注意的是,广大人民对医疗卫生体制、保障性住房制度改革、生态和环保制度等领域的改革红利诉求很高,我们必须扎扎实实地攻坚推进、重点突破,让人民分享改革红利。同时,要更加注重政治体制、文化体制、社会体制和生态文明制度改革的协同效应,通过综合配套和改革试点相结合,充分发掘体制机制变革的潜在红利,全面促进大国综合优势和后发优势的发挥,推动经济社会的可持续发展,实现改革红利的可持续释放。

第二章　保障和改善民生

龚维斌[*]

保障和改善民生，就是要不断提高人民群众物质文化生活水平。保障和改善民生的过程，就是不断地解决好人民最关心最直接最现实的利益问题，在学有所教、劳有所得、病有所医、老有所养、住有所居上持续取得新进展，努力让人民过上更好生活的过程。随着经济社会发展，人民群众民生需求的内容越来越丰富、标准也越来越高，因此，保障和改善民生的任务也越来越重。在经济发展的基础上不断扩大民生保障范围、提高民生保障水平，需要通过推进多方面的改革来实现，而民生事业的发展也是推动其他领域改革顺利进行的重要保障。

一、保障和改善民生的重要性

党的十八大报告提出，加强社会建设，必须以保障和改善民生为重点。当前，我国正处于全面建设小康社会的关键时期和深化改革开放、加快转变经济发展方式的攻坚阶段，必须把保障和改善民

龚维斌，国家行政学院社会和文化教研部教授。

生作为党和政府一切工作的出发点和落脚点。这不仅是党巩固执政地位、履行执政使命的必然要求,也是全面建成小康社会的重要目标和重点难点。全面建成小康社会,不仅仅要求经济获得持续健康发展,人民民主得到不断扩大,文化软实力实现显著增强,资源节约型、环境友好型社会建设取得重大进展,更重要的是人民群众的生活水平即民生水平应全面提高。具体而言,就是到 2020 年如期全面建成小康社会后,基本公共服务均等化要总体实现,全民受教育程度和创新人才培养水平应明显提高,就业要更加充分,收入分配差距应不断缩小,社会保障也要实现全民覆盖。这些都是我们实施改革开放、不断发展经济以及进行社会主义现代化建设的根本目的。

现代政府,特别是人民政府必定是民生政府。切实保障和不断改善民生,编织一张覆盖全民的保障基本民生的安全网也必然是我国政府的重要任务。党的十六大报告对我国政府的职能作出了明确界定,那就是经济调节、市场监管、社会管理和公共服务。实际上,政府的这些职能都是直接或间接导向保障和改善民生的。此外,现代政府要想获得国民的认同和支持并进而获得合法性,一个重要方面就是要通过对国家事务和社会事务的管理,实现自身职能,有效维护和增进国民利益,从而使得国民对政府能力产生信任感和依赖性。毫无疑问,保障和改善民生,实现学有所教、劳有所得、病有所医、老有所养、住有所居,就是政府获得国民认同和遵从的主要方式和途径。

二、民生领域取得的成就及存在的差距

长期以来,党和政府坚持把人民利益放在第一位,着力保障和改善民生,出台了一系列重大举措,主要民生领域取得了前所未有的显著成绩,老百姓得到了实实在在的实惠和利益。具体表现如下:

经过几十年的扶贫开发,我国的扶贫工作取得了举世瞩目的巨大成就:贫困人口已经从改革开放初期的 2.5 亿下降到了 2011 年的 1.28 亿,贫困发生率大幅度下降,极端贫困已基本消除,这是我国保障和改善民生总体成就最集中最直接的体现。

教育是民生之基,也是国家发展和民族振兴的基石,是提高国民素质、促进人的全面发展的根本途径。强国必先强教。党和国家历来高度重视教育事业,新中国成立以来特别是改革开放以来,我国教育改革发展取得了为世人所瞩目的巨大成就。随着科教兴国战略和人才强国战略的深入实施,我国全面实现城乡免费义务教育,职业教育得到快速发展,高等教育进入大众化阶段,教育公平也已迈出重大步伐,办学水平不断提高,开创了教育事业科学发展的新局面。

就业是民生之本,促进就业是保障和改善民生的头等大事。党中央高度重视就业工作,坚持把就业放在更加突出的位置,实施就业优先战略和更加积极的就业政策。借助这些政策,我国的就业工作取得突出成就:努力保持了就业规模持续扩大和就业形势基本稳

定,妥善解决了国有企业下岗职工再就业问题,稳步推进数以亿计农村富余劳动力有序转移,有效化解新一轮青年就业高峰的压力,成功应对重特大自然灾害、国际金融危机对就业的严重冲击。

收入分配是民生之源,是经济社会发展中的一项根本性、基础性的制度,是社会主义市场经济体制的重要基石。改革开放以来,我国收入分配制度改革不断深化,打破了平均主义的分配方式,确立按劳分配为主体、多种分配方式并存的分配制度,实现了收入分配制度向适应社会主义市场经济体制的转变。近些年来,国家采取了一系列财税体制改革和财政政策措施,加大对收入分配的调节,取得了较为明显的成效。特别是最近几年,农村居民收入增速快于城镇居民,中西部地区居民收入增长明显加快,城乡、区域差距缩小态势开始显现。

社会保障是民生之安全网,是保障人民生活、调节社会分配的一项基本制度。党和政府历来高度重视社会保障事业,致力于建立健全同经济发展水平相适应的社会保障制度。近年来,为加快完善社会保障体系,党和政府作出了一系列决策部署,建立完善制度,加大资金投入,解决历史遗留问题,使越来越多的城乡居民享受到基本社会保障。具体表现在:以新型社会救助体系、城乡基本养老保险制度、城乡基本医疗保险制度为核心的社会保障体系框架基本形成;社会保障制度覆盖范围迅速扩大,参保人数逐步趋向全覆盖;保障水平稳步提高,城乡居民基本生活得到有效保障;社会保障制度运行基本平稳,社会保险基金规模不断扩大,并且积累了数量可观的全国社会保障战略储备基金;社会保障公共服务体系初步形成,制度有效性持续提高。

基本医疗卫生是民生之盾，是最基本的民生，对于提高人民健康水平、保障人民的生命健康权、促进人的全面发展至关重要。党和政府一向重视发展医疗卫生事业，不断提高全体国民的健康水平和预期寿命。近年来，为解决人民群众"看病难、看病贵"难题，我国启动了全面医改，并已取得了超出预期的阶段性成效：建成了世界上覆盖人口最多的全民基本医疗保障网；建立了国家基本药物制度，有效减轻了群众在基层就医用药负担；城乡基本医疗卫生服务体系进一步完善，形成了新的运行机制；基本公共卫生服务初步实现城乡均等化；公立医院改革试点有序推进，县级公立医院改革全面启动。

但是也要看到，由于受到经济社会发展水平的限制，当前民生建设总体水平离人民群众的心理期待和现实需求还存在差距，部分领域的民生问题还比较突出。这些主要表现在：中国的贫困人口数量仍然巨大，"有学上"和"上好学"即教育公平与教育质量问题并存，全国统一劳动力市场有待建立和完善，收入分配差距仍需进一步缩小，社会保障待遇的公平性和便携性有待提高，医疗卫生资源配置还有进一步优化的空间，等等。

三、保障和改善民生应遵循的几个基本原则

当前，我国正处于全面建成小康社会和全面深化改革开放的攻坚期、深水区，需要进一步解放思想、更新观念，打破既得利益格局，

调整利益预期,将改革作为实现发展的根本手段和最大红利。保障和改善民生作为全面建成小康社会的重要目标以及党和政府一切工作的出发点和落脚点,和其他领域一样,也必须依靠改革来实现,通过继续深化社会领域改革来促进民生得到切实保障和持续改善。与此同时,民生在得到切实保障和持续改善、人民群众获得实实在在的实惠和利益后,更有利于形成改革共识,凝聚拥护和支持改革的"正能量",从而为改革创造和谐稳定的社会环境。在正确认识改革与民生关系的基础上,保障和改善民生工作还需要遵循以下几个基本原则:

(一)区分民生和基本民生,处理好两者之间的关系

保障和改善民生,首先需要厘清民生的涵义,以利于找准着力点、列出优先项,推进工作高效开展。民生,简而言之,就是指人民的生活。其中,既包括民众基本生计状态的底线,也包括民众基本的发展机会和能力,还包括民众基本生存线以上的社会福利状况;既包括物质上的,也包括精神上的;既包括社会层面的,也包括经济、政治、文化等层面的。这种意义上的民生固然应当设法保障和改善,但是,现阶段恐怕还是"心有余而力不逮"、难以全面推进。因此,有必要进一步缩小范围,将民生概念聚焦到人民急需而政府又有能力提供和促进的项目即基本民生上去。

那么,如何理解基本民生呢?基本民生,简单来讲,就是人民的基本生计,它包括民众基本生计状态的底线以及民众基本的发展机会和发展能力等内容。对于人民群众来讲,基本民生就是一张保障

其生存和基本发展的"安全网",既包括最低生活保障、大病救助等面向特困群体基本生活的"网底",也包括义务教育、医疗、养老保险、住房等确保全体国民维持体面、有尊严的生活的最低需要。就目前所处的经济发展以及民生建设水平来看,基本民生应当作为我国政府今后一段时间着力解决和重点保障的问题。至于基本民生水平之上的较高层面的民生问题,我国目前尚没有能力全面解决。不过,我们也应当将这一层面的民生问题作为未来的一个重要目标列入改善民生的中长期目标体系当中。实际上,从另一个角度来看,基本民生的概念也是一个动态的、历史的概念,随着经济社会的发展,基本民生的内涵、外延以及对应的水平也是在不断发展变化的,本身就具有一种与时俱进的调整机制。

(二)既要尽力而为,又要量力而行

保障和改善民生是党和政府一切工作的出发点和落脚点,应当不遗余力地推进。但是,民生工作又确实受到各方面主客观条件的制约,不能追求不切实际的目标。因此,保障和改善民生既要尽力而为,又要量力而行。尽力而为是负责态度,量力而行是科学精神,两者相辅相成、缺一不可。

尽力而为,就是要发挥主观能动性,调动一切积极因素努力做好民生工作,不断保障和改善民生;就是要把更多的公共财力投入到民生领域,把更多的政府工作精力投入民生领域,努力建设服务型政府,不断提高人民群众的生活水平。这既是全面建成小康社会的重要目标,也是政府的重要任务。我们要抛弃过去那种"民生投

入是纯消费"、民生"光投入不产出"的错误看法。事实上,对教育、就业、收入分配、社会保障、医疗卫生等主要民生领域的持续投入,收获的将是人力资本的提升、就业质量的提高、收入水平的增加、生活后顾之忧的缓解、健康水平的获得,所有这些都将为经济发展提供不可或缺的巨大需求和持久动力。可以说,致力于保障和改善民生是兼具社会效益和经济效益、最具综合效用的投资。

量力而行,就是按照"有多大能力解决多大问题"的原则,合理确定民生工作目标。这既是资源和能力约束的客观要求,也是民生刚性增长规律下我们应当做出的理性选择。保障和改善民生,特别需要人力、物力和财力方面的巨大投入,这就要求政府不能订立超越经济发展阶段的民生工作目标,而应使之与经济社会发展水平相适应。另一方面,由于教育、就业、收入分配、社会保障、医疗卫生等民生领域存在着福利刚性增长、水平"容易升不易降"的内在发展规律,推进保障和改善民生的工作只能稳步进行。如果我们在进行民生建设时提出不切实际的发展目标,结果很可能适得其反,不仅会造成工作的被动,还可能失去人民群众的信任。目前,我国仍然是一个发展中国家,还处于社会主义初级阶段,这个最大的基本国情没有改变。因此,在确定民生建设标准的时候,我们不能简单地向发达国家看齐、向福利国家看齐,而应该实事求是、立足国情、循序渐进。

(三)突破增量改革局限,以存量改革带动全面改革

长期以来,我国各项改革事业多采取"增量改革先行"、以增量

改革带动存量改革的模式：从增量改革入手，不断扩大和优化增量利益，把改革的总盘子做大，不断巩固、强化改革的方向；随着时间的推移，传统存量利益有一个"自然消退"的过程，其盘子会越来越小，同时增量利益的一部分"自然沉积"为新的存量利益，存量改革也将渐次展开，存量利益的品质将得到提升优化，最终形成增量改革和存量改革全面推进、增量利益和存量利益协同改善的局面。改革开放以来，增量改革优先、以增量改革带动存量改革，在一些地方和领域不乏成功的操作，也取得了不俗的改革成绩，最典型的就是人们常说的"老人老办法、新人新制度、中人逐步过渡"的工作方法。

但是，增量改革遵循"先易后难、不动存量"的逻辑，也存在一个内在的矛盾——存量利益群体的力量难以受到有效约束，他们虽然未必极力反对改革，但他们有可能强力介入增量改革，并将增量改革形成的增量利益掌控在手中。这样一来，不但传统存量利益群体对改革的阻力仍未能消除，新兴增量利益群体由于已经成为既得利益者，无形中也转变成了阻碍进一步改革的力量。这种可能性在教育、收入分配以及医疗卫生等民生领域都不幸部分地成为现实。当前，我国整个改革事业以及民生改革都已经进入深水区和攻坚阶段，改革战略亟须作出重大调整，由增量改革优先、以增量改革带动存量改革的模式，转入突破存量改革瓶颈、以存量改革带动全面改革的模式。在这过程中，需要相当的勇气、智慧和韧性。

（四）厘清各方责任，实现责任共担

保障和改善民生，特别是基本民生的实现，主要是政府的责任。这既是政府职能的题中之意,也是政府获得合法性的主要来源。但是,特别需要指出的是,保障和改善民生不全是政府的责任,特别是不全是中央政府的责任。在保障和改善民生的过程中,我们需要厘定清楚政府、社会、企业和个人等各方主体的责任,并根据适当的原则和机制在这些主体之间以及政府系统内部实现合理的责任分担。

具体而言,厘清各方主体在保障和改善民生中的责任,关键是要明晰政府在各个民生领域内的责任。政府责任明晰后,公共责任与社会责任、企业责任、个人责任之间的边界也就划定了。在不同的民生领域,政府分别承担着不同的责任,例如,政府在教育领域就承担着发展规划、财政投入、管理监督的责任;在收入分配领域,政府的主要责任则在于调整并形成合理的收入分配格局。在同一民生领域的不同子领域中,政府应承担的责任也是不同的,例如,在实现就业时政府主要应做好引导和服务工作,在构建和谐劳动关系时则需要介入到劳资关系格局中去发挥协调和监察的作用。除了政府的公共责任,社会、企业和个人也都需要分别承担对民生的责任,例如,社会组织需要参与到老年服务中去,企业要为所雇用的员工缴纳社会保险费,个人在参保缴费后方能享受社会保险待遇等。

在政府系统内部,中央政府和地方政府也需要做好各自在民生建设领域的权责分工,并按照财权与事权相适应的原则在中央政府和地方政府之间合理划分财权和事权,既要做好中央层面的顶层设计,又要尊重群众和基层的首创精神。

四、进一步推进民生建设应着重抓好的重点工作

在确立好保障和改善民生总体原则的基础上,还需要重点抓好教育、就业、收入分配、社会保障、医疗卫生等民生领域的工作。

在教育方面,应充分认识到它在全面建设小康社会和现代化建设中的基础性、先导性和全局性作用,牢固树立教育立国、教育兴国的理念,把它放在更加重要的战略地位。当前,改革是教育发展的强大动力,也是教育的最大"红利"。应当按照 2010 年颁布的《国家中长期教育改革和发展规划纲要》确立的"优先发展、育人为本、改革创新、促进公平、提高质量"的基本原则,从深化教育综合改革入手,着重解决好人民群众关心和社会普遍关注的教育公平和教育质量问题,确保重点领域和关键环节取得实质性突破,逐步实现"有学上"和"上好学"目标。具体而言,应在继续坚持教育优先发展原则的基础上,用好管好教育经费;深化教育综合改革,从考试招生制度改革、现代学校制度建设、办学体制改革、教育管理体制改革等方面入手切实解决社会普遍关心的重大问题;着力推动义务教育均衡发展,加快发展现代职业教育,促进各级各类教育协调发展;全面推进素质教育,提高各级各类教育质量;加快基本公共教育服务均等化步伐,促进教育资源向重点领域、关键环节、困难地区和薄弱学校倾斜,着力保障进城务工人员子女、残疾儿童少年、家庭经济困难学生的受教育权利,进一步促进教育公平等。

在就业方面,要深入实施就业优先战略,真正把促进就业作为

经济社会发展的优先目标,选择有利于扩大就业的经济社会发展战略;继续实施更加积极的就业政策,促进以高校毕业生为主体的青年、农村转移劳动力、城镇困难人员、退役军人等重点人群就业和创业;适应转变经济发展方式的要求,大规模开展职业教育和技能培训,全面提升劳动者就业创业能力;按照统筹推进城乡基本就业服务均等化的要求完善就业服务体系,不断满足劳动者就业服务需求;加强劳动立法、执法以及劳动保障监察力度,从侧重保护相对弱势的劳动者利益的角度来构建和谐劳动关系,提高劳动者的就业质量。

在收入分配方面,应该本着"规范收入分配秩序,优化收入分配结构,防止收入分配差距过大,切实解决一些领域分配不公问题,使发展成果更多更公平惠及全体人民"的原则和宗旨,从实施"创造公平就业环境、扩大就业规模、提高就业质量"的就业政策,完善以"提低扩中限高"为基本原则的工资制度和健全国有资本、公共资源的收益合理分享机制等方面入手,完善初次分配机制;以改革财税体制、完善社会保障体系为重点,健全再分配机制;加强收入分配领域法律法规和制度建设,整顿和规范收入分配秩序。

在社会保障方面,要坚持全覆盖、保基本、多层次、可持续方针,以增强公平性、适应流动性、保证可持续性为重点,全面建成覆盖城乡居民的社会保障体系。抓住实现基础养老基金全国统筹、不失时机地依据"小步渐进"原则适当延迟退休年龄等"牛鼻子"做好社会救助、养老保险、医疗保险等核心制度优化;促进城乡社会保障制度整合和转移接续,实现城乡间、地区间以及人群间社会保障权益公平;理顺管理体制,加强服务体系,实施适度集中管理、垂直管理以及服务社会化;加强基金监督管理,拓宽社会保障资金筹集渠道和投资渠道,确保基金安全与实现保值增值;建立与经济社会发展水平相适应的、与物价和工资增长联动的待遇确定和调整机制。

在医疗卫生方面,要按照医疗保险制度改革、医疗卫生体制改革、药品流通体制改革"三改联动、相互促进"的思路,全面实施"十二五"医改规划,进一步完善全民医疗体系,巩固完善基本药物制度,继续深化基层综合改革,进一步提高基本公共卫生服务均等化服务水平,积极推进公立医院改革,大力支持社会资本办医,深化药品生产流通体制改革,推进医药卫生监管体制改革。要抓好重点难点,找准改革切入点,实现新突破,全面推动医疗卫生体制改革由打基础到提质量、由搭框架到建制度、由试点探索到加快推进转变。

五、做好保障和改善民生的体制机制保障

任何改革都不是孤立的,要做好保障和改善民生的工作,除了前述应遵循的基本原则和应着重推进的重点工作以外,在实践中还特别需要同步推进相关配套改革以做好体制机制保障。

(一)加快推进财政体制改革进程,为民生建设及其健康发展提供条件

由于国家财政与民生改善之间的紧密关系,财政体制改革构成了我国民生建设的首要配套条件。因此,在保障和改善民生的过程

中,非常有必要推进我国的财政体制改革。在这方面,值得考虑的改革取向包括:一是建立保障民生投入持续稳步增长的长效机制。保障和改善民生是一个长期的过程,需要建立持续稳定的财政投入机制,用制度保证财政民生投入。在加大政府民生投入的同时,要千方百计争取吸引和利用更多的社会资源来保障和改善民生,实现基本民生。二是按照事权与财权相适应的原则,明确划分各级政府尤其是中央与省级政府之间在各民生领域内的事权,再对财权进行相应的调整,建立和完善相应的财政转移支付制度。三是调整和优化财政支出结构,实现财政政策从经济建设型向民生建设型转变。应当根据国家经济社会发展的总体需要,对整个财政支出结构进行合理调整:削减不必要的开支,压缩行政公务支出在财政支出中的比重,逐渐降低财政支出中直接用于经济建设的份额,不断扩大民生建设领域的投入,千方百计增强财政支出的公共性。这就要求不仅要在增量上下功夫,还应当对现有财政分配格局进行调整。这是因为仅靠增量来调整支出结构不仅步伐缓慢、力度小,而且财政资金使用过程中部分领域低效、浪费严重与民生事业投入不足并存的现象将依旧存在。

(二)加快构建中国特色的社会法法律体系,为民生建设提供法制保障

当前,我国在民生领域的相关立法相比经济领域立法落后得多,与民生相关的社会法法律体系建设相对滞后。应加快基本民生领域的社会立法步伐,并完善相应的实施细则,切实增强可操作性,

最终的目标是要实现将所有民生事务全部纳入法律规范的轨道。任何新民生项目的设立以及对原有制度的修订,均必须由立法机关通过立法与修法的方式来确立。只有这样,我国的民生建设才是真正成熟的法制化事业。中国特色民生领域法律体系的构建,既要加快新法立法步伐,又要修正、完善现有法律。在民生法制建设中,还应当将消除城乡间、地区间以及群体间的待遇差异和制度分割现象作为重点,促进民生领域的社会公平;切实加强民生领域的执法工作,使得包括政府在内的各方主体都能够在法律和制度的框架范围内行事,并加大对民生领域腐败及违法犯罪的惩治力度。

(三)加快建立健全民生领域的民主决策机制,提高民生建设的针对性、科学性和实效性

民生建设还需要建立民主决策机制作为保障。因为离开了民主决策机制,离开了公众参与,民生建设就变成了无的之矢,就会出现许多拍脑袋、想当然的劳民伤财工程。民生建设旨在让人民群众得实惠,该建什么制度、该上什么项目,人民群众最有发言权。需求者最懂得自己的需求,民生制度建设应突出强调需求导向。在实际工作中,不少决策者往往忽视人民群众的需求和呼声,只关注民生项目建设,而较少关心这些项目是不是人民群众真正需要的,结果经常是"好心花钱办坏事",反而引起人民群众的不满。民生事业涉及的内容和主体都十分广泛,各方面的需求和意见往往差异较大。再加上普通群众在民生各方主体中处于相对弱势的地位,如果没有合适的渠道和机制,他们的诉求往往很难有效表达并准确地传递给

决策层。因此,需要建立畅通的民意表达渠道,建立公众参与民生决策的机制,充分听取各方面群众的意见,使民生决策能够契合绝大多数群众的需要。

(四)加快构建科学、高效的管理服务体系,提高民生服务的可及性、可得性

在教育、就业、收入分配、社会保障、医疗卫生等主要民生领域中,很多民生供给都是以非货币形式提供的,除收入分配之外,其他几个领域都可以归入公共服务的范畴。在民生建设过程中,科学、高效的管理服务体系是将民生制度之利高效地递送给人民群众的组织保障和技术支撑,对于提高民生服务的可及性、可得性至关重要。对此,我们应当着重从理顺管理经办体制、完善多元服务体系、改进信息技术手段等方面入手。具体而言,在管理经办体制方面,应当着眼于理顺管理体制,提升经办效率,适当减少管理经办层级,适量扩充管理经办队伍,适时推进垂直管理方式,适度集中管理经办事项;在多元服务体系方面,应当充分利用政府购买服务、专业服务外包等形式借助社会组织、市场主体乃至公民个人的力量做好民生领域的服务提供;在信息技术手段方面,应配合国家推进信息化总体战略,并结合自身实际在各民生领域推进信息化工程建设,实现网络化、智能化,以达到增能增效的目的。

第三章　促进社会公正

马宝成 *

改革红利就是改革给社会公众带来的福利。从宏观层面来看，改革的内容主要包括政治改革、经济改革、社会改革、文化改革和生态文明建设，也就是"五位一体"的改革。从微观层面来看，改革涉及的具体问题主要就是改革深水区或改革攻坚期面临的主要问题，如打破垄断、收入分配制度改革、破除城乡二元结构、放开管制以及社会组织发展等问题。通过推进这些领域的改革，我们所期待的红利就会源源不断地释放出来。因此，深化改革的重要性和紧迫性是不言而喻的。

但是，改革红利释放出来后，如何保证改革红利公平公正分配也是一个至关重要的问题。李克强总理在 2013 年 3 月 17 日回答记者提问时指出，公正是社会创造活力的源泉，也是提高人民满意度的一杆秤，政府理应是社会公正的守护者。我们要努力使人人享有平等的机会，不论是来自城市还是农村，不论有怎样的家庭背景，只要通过自身的努力，就可以取得应有的回报。不论是怎样的财富创造者，是国企、民企还是个体经营者，只要靠诚信公平竞争，都可

* 马宝成，国家行政学院科研部〈院刊室〉研究员。

以获得应有的收获。改革红利的公正分配,直接关系到如何让人民群众共享发展成果的问题。在这个问题上,我们也是有深刻的教训可吸取的。改革开放前三十年,我国经济高速发展,改革释放的红利世界瞩目,但是我们忽视了改革红利的公平分配问题,造成了利益失衡、城乡差距、地区差距等问题,引起了人民群众的不满,影响了经济社会的可持续发展。今天,我们又处在了改革的紧要关头,一定要在注重释放改革红利的同时,高度重视改革红利如何公平分配问题。

一、保障机会平等

机会平等是实现社会公正的根本途径。机会平等是指所有社会成员在就业、投资、职务升迁、获得改革成果等方面的机会都是平等的。社会成员作为竞争主体,都处在同一条起跑线上。一个人只要有能力,勤奋向上,抓住机会,就可以顺利进行社会流动,从低收入者进入高收入者行列。推进机会平等,核心是保证受教育机会、就业机会方面的公平,使全体社会成员都能够享受到改革开放和现代化建设的成果。

(一)保障教育机会平等

当前,我国在教育机会平等方面还存在一些亟待解决的突出问题。一是不同群体教育机会的不平等问题。在这个问题上社会公众的一般认识是较高收入者子女所受教育程度一般会高于低收入者子女受教育程度。特别是进城农民工子女参加高等学校入学考试仍在受户籍问题的困扰。二是不同地区之间教育机会的不平等问题。主要表现是农村教育发展的相对滞后,尤其是中西部农村教育与城市教育差距较大。三是教育资源分配的不平等问题。主要表现是教育经费投入和教育资源分配上的城乡差异问题。四是高等学校招生录取制度中的机会不平等问题,主要表现为不同地区的高等学校录取分数线不平等。

政府必须下决心解决这些突出问题,要通过公共教育政策来调节教育机会的分配,向社会提供平等的公共教育服务。主要包括:

1. 统筹城乡教育发展。要从战略的高度认识农村教育对于提高国家综合国力的作用。要在相关政策和制度上向农村倾斜,在公共教育资源配置上保证农村与城市教育发展的相对公平。要建立现代公共财政体制,保障农村教育经费到位。要统一城乡办学标准,保障农村办学基本条件。要不断完善以县为主的基础教育管理体制,加大政府对教育的统筹力度,进一步明确和落实各级政府的义务教育职能。要提高农村教师的待遇,增强农村教育吸引力。

2. 统筹区域教育发展。做好这项工作的重点是加大对中西部地区的支持力度。继续加大并规范国家对中西部地区的转移支付力度,推进基本公共服务均等化。发达地区要通过对口支援、捐助等方式帮扶欠发达地区的教育发展。形成以东带西、东中西教育共同发展的格局,调整高等院校布局,加大对西部招生倾斜的力度,在教育投资、招生、就业政策和人才培养与任用上进一步向中西部地区倾斜。

3. 统筹不同类别学校发展。解决这个问题的重点是解决校际差距问题。校际差距是区域教育差距、城乡教育差距最直接的表现形式。城乡之间、不同地区之间,甚至同一区域内、同一城市中,不同类别的学校在经费投入、办学设施、师资水平、生源质量等方面也存在较大差距。这是产生择校现象的主要原因。校际差距是人们反映强烈的问题,是推进教育公平的严重障碍。缩小校际差距首先要着力改造薄弱学校,确保所有学校达到基本建设标准,做到建设有标准,发展有特色。

4. 不断加大公共财政对教育的投入力度。在教育的公共财政支出方面,我们的欠账较多,目前的公共财政投入仍然偏低,低于世界平均水平和发展中国家水平。目前,世界平均水平是教育的公共财政投入占 GDP 的 4.5% 左右,发达国家是 5%~7%,我国 2012 年是 4%。在这个问题上,我们还有较大财政投入空间。

(二)保障就业机会平等

保障就业机会平等,要建立平等的就业制度。高度重视服务业、劳动密集型产业、中小企业、非公有制经济对于就业的推动作用。

1. 通过完善财政补贴政策促进平等就业。要调整公共财政支出结构,加大对就业和再就业公共财政投入。要对再就业人员提供具有针对性的、免费的职业介绍和培训。要坚持市场导向的就业政策,做好就业政策与社会保障制度的合理衔接。要制定优惠政策,鼓励企业、个人等参与投资,间接创造就业机会。

2. 通过税收倾斜政策促进平等就业。要借鉴相关国际经验，探索建立劳动、税收、银行等部门的联动机制。督查落实再就业优惠政策；要实行向中小企业倾斜的税收制度，如实行差别税率、降低对中小企业成本扣除项目的标准等。可以考虑给予高质量的就业培训机构较多的税收优惠。逐步扩大优惠政策的适用对象范围，将大学生自主创业、自谋职业者、被征用土地的农民和农村富余劳动力、城市失业人员纳入税收优惠范围。

3. 健全完善就业服务体系。一是增加区、街道一级的基层职业介绍机构。通过相关激励措施，把个人素质、理论水平、职业修养较高的人员吸引到职业介绍机构。二是进一步发挥民办职业介绍机构对于促进就业的重要作用。三是丰富职业介绍机构的类型，增加就业服务针对性。如可考虑建立针对高等院校毕业生、转业军人、小时工、残疾人、妇女、离退休人员、农民工、专业技术人员的专门职业介绍机构。四是探索推进失业保险、失业救济、就业培训、职业介绍的一体化。可将最低工资、困难补助、失业救济金和最低生活保障金等，改为由就业服务机构发放，使失业保险和失业救济与职业指导、就业培训、职业介绍等有机结合起来，更好地服务于就业。

二、深化收入分配制度改革

当前我国收入分配领域存在的问题，如城乡差距、地区差距、不同行业差距等，在很大程度上制约了中国经济发展方式转型和市场化改革。因此,深化收入分配制度改革不仅对于调结构、控通胀、加快市场化改革具有十分重要的意义,而且对促进社会公正具有重要意义。《关于深化收入分配制度改革的若干意见》确立了城乡居民收入实现倍增、收入分配差距逐步缩小、收入分配秩序明显改善、收入分配格局趋于合理的收入分配制度改革四大改革目标。要实现这些目标,我们必须采取以下有效措施。

(一)提高居民收入在国民收入分配中的比重

国民收入分配主要是在居民、企业和国家之间进行的。从近二十年我国国民收入的分配趋势来看,我国的居民收入增长比较缓慢,增长幅度一直低于国民总收入的增长幅度,而企业收入增长和政府收入增速较快。有数据表明,从 1992 年至 2008 年初次分配中,政府所得比重从 16.6% 提高到 17.5%,企业所得比重从 17.4% 提高到 25.3%,但是居民收入的比重从 66.1% 下降到 57.2%,下降了 8.9 个百分点。同一时期,经过再分配环节之后,政府所得比重从 20.0% 提高到 21.3%,企业所得比重从 11.7% 提高到 21.6%,居民收入的比重从 68.3% 下降到 57.1%,下降了 11.2 个百分点。居民收入比重下降,导致了拉动经济增长的需求结构发生了相应变化。据统计,在同期三大需求对 GDP 增长的贡献率中,消费的贡献率从 43.6% 下降到 38.9%,影响了内需中消费与投资的合理结构以及内需与外需的合理结构。目前,典型市场经济国家,劳动收入占国民收入比重达 3/4,相比来看,我们还有很大的提高空间。当前,我们转变经济发展方式,其中的一项重要内容就是通过扩大国内需求特别是消费需求来推动经济增长,要做到这一点,提高居民收入在国民收入分配中的比重是根本举措之一。为此,我们要切实扭转初次分配中政府收入增长、企业所得过高、劳动者报酬下降的状况,主要措施是:一要控制投资过快增长;二要调整鼓励出口的政策,控制净出口的规模;三要完善社会保障制度和最低工资制度,逐步提高保障标准;四要加强支农惠农政策,多渠道扩大农村居民转移就业,增加农民收入;五要鼓励依法创业和投资,保护各类合法收入;六要创造条件让更多群众拥有财产性收入。

(二)提高劳动报酬在初次分配中的比重

据统计数据,1992年至2008年期间,我国劳动报酬在国民收入初次分配总额中的比重明显下降。其中,1992年至1999年劳动报酬比重保持在51.5%~54.6%之间,2000年以后持续下降。2000年劳动报酬比重为51%,自2006年起低于50%。2008年再创新低,达到47.6%。对照来看,根据美国经济分析局(BEA)的相关数据测算,2006年、2007年美国雇员获得的薪酬总收入占当年美国GDP的比重分别为56.4%和56.7%。劳动报酬偏低不仅影响了劳动力的积极性和创造性,而且也不利于扩大内需,特别是不利于扩大消费需求。解决这个问题,既要依靠市场机制的作用,也需要政府的宏观调控。

一是组织职业培训。职业培训会使劳动者通过素质和技能的提高增加劳动报酬。市场经济体制下,劳动贡献的大小由市场衡量,劳动报酬由市场决定。提高劳动报酬,必须提高劳动的质和量。

职业培训对于劳动力的质与量都有直接的影响。另一方面,需要劳动者自身利用市场供给方的力量与需求方进行"博弈"。劳动报酬取决于劳动者自己对劳动力市场信息的了解,取决于自身劳动力的质量以及劳动时间的长短,取决于劳动者及其群体对其权益的维护和实现程度等。这些都需要作为市场主体的劳动者,在提高自身素质的基础上,遵循市场经济的规律,利用市场的力量,来提高自己的劳动报酬,进而提高劳动报酬在初次分配中的比重。

二是强化企业社会责任。建立企业职工工资正常增长机制和支付保障机制,并根据当地社会平均工资水平增长状况对最低工资标准进行调整。同时,加强对企业贯彻落实最低工资制度情况的监督检查,重点查处变相违反最低工资规定的行为。

三是增加就业岗位总量。要积极发展具有优势和市场需求的劳动密集型企业、服务业,增加就业岗位;要营造良好的投资环境,吸引投资,鼓励和扶持自主创业,解决部分人就业问题;要大力发展中小微企业,发展农副产品加工业,延长产业链,争取就地解决剩余劳动力就业问题,减轻外部市场就业压力;要大力发展第三产业,促进产业结构合理化,从经济结构上增加就业机会。

四是依法保障劳动者获得应有报酬。应当通过立法来保障工资正常增长机制,保障 GDP 增长与工资同步增长,保障企业利润增长与工资同步增长。同时还要考虑物价上涨对工资增长的影响,物价增长指数应当成为工资增长的法定指标。

(三)提高低收入者收入

收入分配制度改革首先改善的应该是社会的最底层。第一步应当是提高农民、农民工收入,要千方百计增加农民收入。加大农村基础设施建设资金投入,努力发展特色优势产业,推进乡镇服务业等农村劳动密集型产业,拓宽农民就业渠道;大力发展农村各项社会事业,坚持公共财政更多向农村倾斜,公共服务向农村延伸,努力促进城乡公共服务的均等化;深化农村教育和社会保障等制度改革。同时,也要重点照顾城镇居民下岗失业人员、低保人员的收入和社保水平,着力提高低收入者收入,逐步提高扶贫标准和最低工资标准。同时,完善工资指导线制度,建立统一规范的企业薪酬调查和信息发布制度。根据经济发展、物价变动等因素,适时调整最低工资标准。研究发布部分行业最低工资标准。研究出台劳务派遣规定等配套规章,严格规范劳务派遣用工行为,依法保障被派遣劳动者的同工同酬权利。切实改善劳动条件得到较大改善,社会保障制度覆盖所有劳动者。

(四)调节过高收入

调节过高收入不是"劫富济贫",更不是"均贫富",而是要通过改革税收制度、公共服务体系建设等手段,促进社会财富的公平再分配。当前,要进一步完善个人所得税制度,大力推进基本公共服务均等化,加大收入分配调节力度,切实解决收入差距过大趋势。

打破行业垄断。进一步打破垄断,要通过放宽准入领域、引入竞争等措施。调整政府和企业的分配关系,建立健全国有资本经营预算制度,使国家作为国有资本所有者在垄断行业的权益得到保障。完善对垄断行业工资总额和工资水平的双重调控政策,严格规范国有企业、金融机构经营管理人员特别是高层管理人员的收入，完善相关监管办法。

加大税收调节力度。完善个人所得税制度，建立综合与分类相结合的个人所得税制，进一步降低低收入者的税收负担。加强税源监控和税收征管，采取有效措施加大对高收入的调节力度。加强个人收入信息体系和个人信用体系建设，减少税收流失。

积极发展社会慈善事业。增强全社会慈善意识，鼓励先富起来的人承担更多的社会责任。建立健全鼓励和引导社会捐赠的相关制度和政策，对公益事业的捐赠款项实行全额税前列支或抵扣。充分发挥社会组织在财富分配中的作用，促进民间自愿捐赠活动，吸纳社会资金帮助困难群体，推动缩小收入差距，实现共同富裕。

打击取缔非法收入。要采取有效措施，坚决堵住土地出让、矿产开发等领域的漏洞，严厉打击走私贩私、偷税漏税、内幕交易、操纵股市、制假售假、骗贷骗汇等经济犯罪活动，切断违法违规收入渠道。健全完善预防和惩治权力腐败体系，加大惩治腐败的力度，有效治理政府腐败。

三、继续完善社会保障体系

目前，我国社会保障体系框架基本确立，但还存在不少难点问题，主要表现在城乡社会保障发展不平衡，一些基本保障制度覆盖面还比较窄，统筹层次低，保障水平不高，与全面建设小康社会的要求相比还有不小差距，与发达国家甚至中等收入国家相比，差距较大。为此，要坚持"广覆盖、保基本、多层次、可持续"方针，加快完善覆盖城乡居民的社会保障体系建设。

（一）完善各项社会保障制度

一是完善养老保险制度。继续完善新型农村养老保险制度。巩固城镇职工基本养老保险省级统筹成果，完善省级统筹办法。推进做实企业职工基本养老保险个人账户试点、事业单位养老保险试点。二是完善基本医疗保险和生育保险政策。健全城镇居民基本医疗保险政策。落实关闭破产国有企业退休人员纳入职工医保的政策，提高医疗保险统筹层次，落实基本医疗保险转移接续暂行办法和异地就医结算服务政策。加强生育保险医疗服务。三是改革完善工伤保险和失业保险制度。积极推动农民工参加工伤保险。加大使用失业保险基金帮助困难企业稳定就业岗位工作力度。四是完善城乡社会救助制度。健全城乡居民最低生活保障制度，提高最低生活保障待遇。加大城乡困难群众救助力度。切实保障农村五保供养资金纳入县级财政预算。

（二）推进社会保障资金渠道多元化

一是调整财政支出结构，增加社会保障支出在财政总支出中的比例。二是变现部分国有资产。国有资产的一部分是过去国有企业职工社会保障权益的积累，用来补偿固定职工应有的社保权益是合情合理的。三是通过发行社会保障专项债券筹集资金。四是适时开征新的税种如利息税、消费税、遗产税等，也可通过发行彩票等方式来筹集社会保障资金等。

(三)推进社会保障服务社会化

社会保障服务社会化首先要求社会保险经办机构承担从企业中分离出来的一部分管理服务责任,在费用征缴和记录、监督、账户查询等业务管理为服务方面,提高管理服务效率,改善服务态度。其次要尽快实现社会保险待遇发放的社会化,减轻企业的管理负担。再次是将社会保障对象,如退休人员、失业人员等的日常管理服务由过去所在的企业事业单位承担转为由社区来承担。

(四)不断提高社会保障水平

政府要加大对社保的公共财政投入,不断提高政府公共服务的总量与质量,使社会保障支出占 GDP 的比重逐步达到上中等收入国家水平。中央政府要统筹全国各地基本公共服务均等化,制定全国统一的基本公共服务标准、明确内容,确立相应的财政转移支付体系,推进税收返还、一般性转移支付、专项转移支付制度改革,加大对财力薄弱地方政府的财政转移支付规模和力度。在连续九年提高的基础上继续进行企业退休人员基本养老金调整工作,研究建立基本养老金正常调整机制。不断提高新型农村养老保险财政补贴标准。稳步提高基本医疗保险保障待遇。通过提高住院医疗保险支付比例等措施,减轻个人医疗费负担。提高新农合筹资比例和补偿标准,继续提高失业、工伤、生育保险待遇水平。按时足额发放企业离退休人员基本养老金和支付其他各项社会保障待遇。政府继续增加社会保障投入。

(五)发展社会福利事业

不断完善相关法律法规,积极培育慈善组织,着力建设慈善队伍,开发多种慈善救助项目,发挥慈善组织在救助困难群体方面的作用。加快发展以扶老、助残、救孤、济困为重点的社会福利事业。完善适度普惠的老年福利政策。改善城市"三无"老人、孤残人员生活。完善和落实社会力量兴办养老服务机构的扶持政策。做好孤儿和困境儿童的救助。

四、健全完善利益协调机制

(一)健全完善利益分配机制

利益分配机制是维护社会公正的重要机制。特别是在经济成分、就业方式、利益关系、分配方式日益多样化的形势下,健全完善合理的利益分配机制尤为重要。一是要以社会公正为价值取向,在初次分配和再次分配的过程中,处理好效率和公平的关系。二是要坚持和完善按劳分配为主体、多种分配方式并存的分配制度,健全劳动、资本、技术、管理等生产要素按贡献参与分配的机制,不断提高居民收入在国民收入分配中的比重,提高劳动报酬在初次分配中的比重。三是要不断提高低收入者的收入,逐步扩大中等收入者比重。四是要真正发挥政府在收入分配上的调节作用,加大调节力度。

(二)健全完善利益平衡机制

要统筹协调发达地区与欠发达地区、城市与农村、垄断行业与非垄断行业之间的利益关系,缩小社会差距。要统筹区域发展和城乡发展,在税收、金融、财政等政策上更多地向落后地区和农村倾斜,支持和帮助落后地区特别是农村的发展,并形成发达地区帮助带动落后地区、以工促农以城带乡的长效机制。要加大财政转移支付力度,支持落后地区特别是农村的发展。积极推进基本公共服务均等化,让全体人民共享改革发展成果。要深化税收制度改革,制定科学合理的税收政策,通过累进所得税、财产税、遗产税等税收政策改革,抑制过高收入,提高过低收入,缩小贫富差距。

(三)健全完善利益补偿机制

利益补偿要公平合理。当前,因征地、拆迁补偿问题引发的利益矛盾和群体性事件呈上升趋势。对此要建立和健全科学合理的利益补偿机制,平衡社会利益关系,减少社会不稳定因素,促进社会稳定与和谐发展。适时调整相关补偿标准,使之随着经济社会发展水平、特别是物价水平的上升而不断提高,补偿标准要相应提高。要统筹兼顾各方利益,特别是要维护好受损群众的利益,通过平等协商寻求利益相关者的利益平衡点。利益补偿的合理性要以是否符合国家政策和受损群众是否满意为衡量标准。

(四)建立健全工资协商机制

工资协商机制是市场经济条件下保证工资增长的重要举措。要完善相关法律法规,使工资集体协商制度成为一种强制性规定,以此解决一些企业职工工资待遇不合理的问题。要对那些工资待遇明显过低的行业、企业,如服装制造、制鞋、零售业等行业,通过建立工会组织,开展行业性工资集体协商。对于那些已经建立了工资协商机制的企业,要给予一定税收优惠。可以通过协商形式,在有条件的中小企业推行劳动股权制,采用按劳分红的办法分配利润,使劳动者分享企业收益。

(五)建立弱势群体补偿机制

要对弱势群体实行差别对待,采取特殊补偿政策,使他们能够享受到公平的机会。当前,弱势群体主要包括:贫困人口、贫困学生、残障学生、进城务工农民子女以及城市下岗职工等。对这些特殊人群要制定特殊政策,重点关注。

第四章　推进生态文明建设

慕海平*

　　党的十八大指出，"把生态文明建设放在突出地位，融入经济建设、政治建设、文化建设、社会建设各方面和全过程，努力建设美丽中国，实现中华民族永续发展"。生态是自然界的存在状态，文明是人类社会的进步状态，生态文明反映人类进步与自然存在相互和谐程度。生态文明的核心是人与自然的关系问题，其要义有两点：一是人与自然和谐相处，二是人类社会可持续发展。大自然本身是极其富有和慷慨的，生态红利就是在人与自然和谐相处过程中自然给人类提供的回报，支撑人类社会发展，促进人类文明进步。但同时自然生态又是极其脆弱和需要精细平衡的。自然生态存在着不可逾越的界限，超过这个界限，自然系统的完整性就受到威胁，生态红利就会消失甚至出现负红利，人类社会的生存和发展也就失去了最根本的支撑。在传统社会，人类的能力有限，人类活动对自然生态影响不大，主要依赖生态红利满足自身需要。随着工业文明的兴起，人类影响自然的能力迅速提高，通过大量索取生态红利来满足自身发展需要，引发日益严重的生态危机。经过对工业文明造成生

---

　　* 慕海平，国家行政学院决策咨询部研究员。

态环境破坏的反思,人们做出了反应与调整,提出建设生态文明,推动可持续发展。我国正处在工业化快速发展时期,发展经济与生态环境矛盾突出,要保持经济社会持续健康发展,必须推进生态文明建设,使经济社会系统与自然生态系统相互协调,创造更多的生态红利,提供更加有力的资源环境支撑,维系中华民族的永续发展和长治久安。

一、把改革红利体现在生态红利上

从世界范围看,人与自然矛盾空前激化,出现了以人口、资源、环境关系为核心的生态危机,创造更多的生态红利是经济社会发展的必然要求。二十世纪中叶以来,随着生态环境问题日益突出,世界各国出现了一系列主要由民间和社会组织发起的环境运动。1972年联合国人类环境会议在斯德哥尔摩召开,通过了《人类环境宣言》。1987年联合国世界环境与发展委员会提交了一份研究报告《我们共同的未来》,提出了"可持续发展"的概念。在联合国的积极倡议下,许多国家政府、企业都参与到生态环境保护运动中来。政府加强对生态环境保护的监管,制定政策法规引导和规范社会行为。企业也通过技术进步、设备更新等方式降耗减排,履行社会责任,谋求长远发展。当前世界范围内的生态环境保护问题已经提到了前所未有的高度,成为国际社会和各国政府都必须面对的挑战,也是国际竞争博弈的焦点之一。加强生态文明建设,控制生态危机,创造生态红利,实现生态现代化,是世界各国的普遍追求。

从国内情况看，当前我国已经是生态红利严重透支的国家。主要表现在以下几个方面：一是资源约束趋紧。我国是13亿人口的大国，各类资源的人均保有量本来就很低，人均水资源仅为世界平均水平的1/3，不到全世界10％的耕地上要供养世界上将近1/4的人口。改革开放以来，我国经济快速增长，各类资源的消耗量急速上升，目前已成为世界上最大的能源消耗国。过去十年间，我国国内生产总值扣除价格因素增长了1.5倍，但粗钢产量增长了3.9倍水泥产量增长了3.1倍，电解铝产量增长了4.5倍，远远快于同期经济增长速度，对资源、环境、生态带来很大的压力。随着我国工业化、城镇化的进一步发展，未来各类资源的人均需求量还要增加，资源环境对经济社会的瓶颈制约日益明显，粮食安全、能源安全已成当务之急。二是环境污染严重。我国目前的环境形势可概括为四句话：局部有所改善，总体尚未遏制，形势依然严峻，环境安全压力继续加大。全国十大流域中，除了珠江流域污染较轻之外，其他九个流域支流都受到不同程度的污染，湖泊富营养化呈迅速增长趋势，近岸海域的环境质量下降。土壤污染量大、面广、持久、毒性大，因污染而退化的耕地数量已经达到1.5亿亩。我国各地区能见度持续下降，东部地区区域性阴霾问题已造成越来越严重影响。根据《中国环境宏观战略研究报告》，我国1.9亿人的饮用水有害物质含量超标，约1/3的城市人口暴露在超标的空气环境中，各类环境群体性事件频繁发生。三是生态系统退化。全国水土流失面积已占国土面积37％。沙化土地173万平方公里，占国土面积的18％。

90%的草原不同程度退化。据国家海洋局发布的报告,我国健康、亚健康和不健康状态的海洋生态系统分别占24%、52%和24%。许多三角洲、海湾和部分大中城市近岸水域存在严重污染。由于环境污染和生态破坏加剧,生物种类正在加速减少和消亡,濒危或接近濒危的高等植物已达4 000～5 000种。生态退化,地震、泥石流、洪涝等各类自然灾害频繁发生,给人民群众的生产生活带来很大的影响。

我国经济发展过度依赖传统的人口数量红利和资源环境低成本红利,是导致生态红利透支的主要原因。我国人多地少,人均资源不足,环境容量有限,要素禀赋制约着发展和生态红利的释放。改革开放以来,我国经济快速发展,三十年经历了发达国家上百年甚至更长时期的发展过程,工业化、城镇化进程中很多难以完全避免的问题在我国很短的时期内集中显现,没有给自然生态留出足够的自我消化和修复时间,使得问题更加突出。更为重要的是,在体制机制极不健全的条件下,我国的发展采取了高消耗、高污染的粗放型经济增长方式,过于依赖大规模投资推动和数量扩张,过于依赖劳动力和资源低成本投入,并且以较低的产业和贸易分工参与全球化进程,资源利用效率低,使得有限的资源环境条件承载了巨大的人口和发展压力,导致生态红利严重透支。我国国内生产总值约占世界的8.6%,但能源消耗占世界的19.3%,2010年我国单位国内生产总值能耗是世界平均水平的2.2倍,是日本的4.5倍、美国的2.9倍。钢铁、建材、化工等行业单位产品能耗也比国际先进水平高出10%～20%。我国资源产出率约为3770元/吨,约是日本的 1/8、英国的 1/5、德国的 1/3、韩国的 1/2。

改革开放以来,我国发生了翻天覆地的变化,经济高速发展,社会财富急剧增长,人民物质生活显著提高,这些变化都有赖于改革带来的红利。但改革的红利并不局限于此,良好的生态环境也应该是红利不可或缺的一部分。可以说,生态红利是人们分享改革红利的基础,没有良好的生态环境,其他红利将大打折扣。近几年来,人们的物质生活水平提高了,但幸福感不强,其中一个很大原因就在于环境污染侵蚀了改革红利。饮用水不达标、大气污染、生态破坏、土壤污染等问题严重困扰人们的生活,威胁群众的身体健康,制约人的全面发展。如果没有良好的生存和生活环境,改革红利又怎会让人喜悦?形象地说,我们那么努力,但如果最后所有挣的钱都花到医药费上,努力又有什么意义?粗放的发展方式,以牺牲环境换取经济增长,使我们的改革红利在一次又一次污染带来的阵痛中不断遭到侵蚀。

发展方式带来的生态透支有深层次的体制机制原因。我国经济发展起步于计划经济,崛起于市场经济,在发展速度上结合了政府与市场作用的优点,但在资源环境问题上却反映了政府与市场的弱点。首先是规划引导不到位,法制规范不健全。推动经济发展必须尊重自然规律,反映资源环境承载能力,这就需要规划引导。我国虽然也做了很多规划,但落实情况不如人意,甚至规划本身不科学、易变动,制定和执行也没有严格地依法办事,很多项目开发和发展任务不符合实际,造成对资源的掠夺和环境的破坏。其次是各地分散开发,相互攀比。受到传统增长主义观念和利益驱动影响,把发展等同与增长,等同于 GDP,等同于上项目,曾经出现过村村点火、户户冒烟的现象,出现过小煤窑、小矿山私挖乱采的现象,出现过层层分解增长指标和项目指标的现象,造成发展行为扭曲,带来很多资源环境破坏后遗症。再次是市场机制缺位,反映资源和环境稀缺性的产权基础和价格机制改革滞后。我国资源的所有权不明晰,资源价格不合理,资源开发主要靠行政权力分配,利用效率低,浪费严重。环境污染是经济外部性问题,需要政府规制,但政府作用也存在缺位,有的地方政府以各种形式减免、补贴项目开发和产业发展必须支付的资源环境成本,为资源过度使用和环境损害开了绿灯。最后是行政体制改革滞后,政府职能转变不到位。我国在行政体制上存在一系列问题,长期存在的条块分割矛盾在资源和环境保护方面也严重存在,责权不清,多头管理,没有形成合力。有的地方政府重经济发展,轻生态环保;有的干部重发展政绩,轻资源环境问题,生态文明建设的责任约束不强。

总之,无论是从转变发展方式看,还是从深化体制机制看,要从根本上解决或缓解发展面临的资源环境瓶颈制约,都必须加快推进改革,创造生态红利必须释放改革红利。

二、把改革带来的生态红利融入发展之中

资源相对不足、环境容量有限仍是我国发展的"短板"。全面建成小康社会,既要打破资源环境的瓶颈制约,继续发展经济,又要大

力保护资源环境,探索转型发展的新途径,建设生态文明。我国生态文明建设有着自身所处的特殊背景和特殊阶段,多种因素同时交织在一起,时间紧,任务重,难度大。按相关国际协议,我国到 2020 年单位 GDP 碳排放水平要比 2005 年下降 40%～50%,时间已经不多。我国尚处于工业化和城镇化快速发展时期,产业要发展,就业要保障,收入要提高,生活要改善,相当长的时间内还必须保持必要的增长速度。总的来说,我们需要在一个较长的时期内平衡好发展经济与保护环境的关系,平衡好国际压力与国内实际之间的关系。环境问题说到底是在发展中产生的,也应在发展中来解决。良好的生态环境是买不来、借不到的财富。山清水秀但贫穷落后不行,殷实小康但环境退化也不行。只有把发展建立在资源可接续、环境可承载的基础上,才能过好今天,不忧明天,永续发展。

一是推进主体功能区战略实施,优化国土空间开发布局,保护好资源环境家底。主体功能区是指根据区域资源环境承载能力、现有开发强度和发展潜力等因素,明确不同区域的功能定位和发展方向,实行分类管理的区域政策,规范国土空间开发秩序,从而形成合理的空间开发布局,从源头上处理好经济发展与生态环境保护的关系。按 2006 年国务院通过的《全国主体功能区规划》,我国国土空间共分为四类:优化开发区域、重点开发区域 、限制开发区域和禁止开发区域。在这个总体规划的指导下,各省、各市乃至各县都要制定本地区的主体功能区规划。到 2020 年,我国主体功能区布局要基本形成,构建"两横三纵"为主体的城市化战略格局,形成"集中—均衡"的国土空间开发模式;构建"七区二十三带"为主体的农业战略格局,形成以农产品主产区为主体、以基本农田为基础、以其他农业地区为重要组成的农业战略格局;构建"两屏三带"为主体的生态安全屏障,形成以大江大河重要水系为骨架、以重点生态功能区为重要支撑、以国家禁止开发区为重要组成的生态安全战略格局。实施主体功能区战略是建设生态文明的顶层设计,是协调经济发展与资源环境保护关系、增加生态红利的重要基础,必须坚决予以落实。

二是大力调整产业结构,推进工业化、城镇化转型升级,发展绿色低碳循环经济。扩大内需是中国发展的战略基点,新型工业化、城镇化必然是生态文明的工业化、城镇化。我国已经进入工业化中后期,促进产业结构升级的重点是提升服务业的比重。发展服务业,不仅能够提升工业化发展水平,推动城镇化进程,而且有利于促进就业和保护资源环境,更好地实现发展红利与民生红利、生态红利的统一。从世界范围和我国情况看,工业发展是造成严重生态环境问题的主因,转变工业发展方式,促进工业结构转型升级,是协调发展红利与生态红利的关键。要以节能减排为突破口,通过优化结构、推动技术进步、强化工程措施、加强管理引导等方式,切实降低能源消耗强度,控制能源消费总量。要把解决产能过剩与节能减排紧密结合起来,通过关小建大、等量置换、减量置换等措施,淘汰落后产能,显著降低工艺技术水平落后的高消耗、高污染产业比重。通过一系列体制、机制建设,形成激励和约束机制,加快发展循环经济、节能环保和绿色低碳产业,使之成为缓解生态环境矛盾的主要方式。围绕提高资源产出率,遵循"减量化、再利用、资源化"的原则,构建循环型工业体系,推动资源再生利用产业化,形成覆盖全社会的资源循环利用体系。大力发展生态产业,增加生态产品供给。无论是可再生能源应用,还是建筑节能改造以及新能源产业发展等,都孕育着前景无限的市场空间,催生着规模庞大的生态产业,应顺势而为,使生态产业有较大发展和提升。

三是加强农业资源环境保护,促进农业技术进步和规模经营,实现农业可持续发展。农业与自然资源、环境、生态之间,有着最为直接、最为久远的联系。近年来,随着我国工业化进程的加快,耕地面积急剧减少,土壤污染严重,对农业生产和我国粮食安全影响很大。要加快农业现代化进程,积极推广应用农业新技术,提高农业劳动生产率。深化土地制度改革,创新农业生产组织方式,促进耕地流转和农业生产规模经营。将保护农业资源与农业环境作为我国生态文明建设的基础性内容,实施最严格的保护与修复措施,促使农业生态良好和可持续。深入开展农产品产地环境保护工作,实行农产品产地分级管理,积极推进农业污染防治。积极发展生态农业,整治乡村环境,培育农村生态文化,着力改善农村面貌,建设美丽乡村。

四是合理引导消费行为,形成文明生活方式。生态文明建设涉及每个人的生活方式和消费模式,每个人的衣食住行本身会对资源环境产生直接影响,而消费方式与一个社会的生产方式有着直接关联,间接地影响资源环境。树立健康的消费理念,在全社会强化资源短缺、环境脆弱的国情宣传和教育,引导公众树立节约、环保的生态意识和绿色消费理念。倡导厉行节约的新风尚,节约每一滴水、每一度电、每一张纸、每一粒粮,反对铺张浪费、过度包装,使节约资源和保护环境成为 13 亿中国人的共同价值观。积极引导消费行为与经济发展水平、个人收入相适应的,倡导节俭办事、减少污染、有益健康的生活方式。加强城乡公共服务能力建设,扩大节能、低碳、环保的绿色产品消费。强化建筑执行强制性的节能标准,推进可再生能源、环保材料在建筑和装修等领域的应用。加强公共交通体系建设,引导居民绿色出行。推进低碳社区建设,倡导绿色生活。鼓励开展群众性生态保护和环境治理行动,推动个人和家庭在日常生活的各方面有效遏制浪费现象和不文明行为。加强城乡环境改造和治理,创造整洁、文明的生活环境。

五是大力加强环境保护和治理,实施生态修复工程。环境是无法交换的,是生态文明的薄弱环节。必须通过生态文明建设,促进经济与环境之间形成可持续的平衡关系。根据我国的现实情况,应重点解决饮用水不安全、空气污染、土壤污染等损害群众健康等社会关注、公众反映强烈的环境问题。要加强综合整治,改善环境质量,重点是严格饮用水源保护,全面推进水源地环境整治。加紧治理大气污染,实施重点区域大气联防联控,加强城市机动车污染防治,加快城市细颗粒物治理。加大城市环境基础设施建设,提高城市污水处理、废弃物处理水平等。加大环境监测力度,实行严格的环境质量控制标准,对重大环境风险源强化监督管理监测、预警及控制,防范化解环境风险。实施重大生态修复工程,增强生态产品生产能力。推进荒漠化、石漠化、水土流失综合治理,扩大森林、湖泊、湿地面积,保护生物多样性。

三、把释放生态红利重点放在制度创新上

党的十八大提出，要大力推进生态文明建设，建立生态文明制度，把生态文明建设上升到了制度建设的高度。要使改革红利体现在发展中、体现在生态红利上，必须创新体制机制，推进生态文明制度创新。生态文明建设是个长期的过程，相应的制度建设也必须要有顶层设计，形成完善的治理结构。要打破政府部门绝对主导、单向推动的管理模式，发挥政府"看得见的手"和市场"看不见的手"的作用，政府、企业、社会各方面要共同努力，明确责任，协同配合。要同步推进改革与发展，创造支持生态文明建设长期的内在动力和制度环境，不断释放改革带来的生态红利。

一是深化资源产权和资源性产品价格改革。我国资源产权及产品价格改革还有很大空间。目前我国资源性产品价格整体上已经不低了，主要是一次能源价格比较高。资源性产品价格改革的视野要更开阔一些，应该放在整个资源和环境的角度去考虑，从中央和地方的关系、公平发展机会包括国家安全多方面去考虑。这样说来实际上是资源价格。我国国有资源、公共资源现在都没有价格，关键是没有确权，这是非常重要的问题，由此产生了很多的社会不公问题甚至国家安全问题。对国家的资源，一定要区别哪些是私人的、哪些是公共的，哪些是中央的、哪些是地方的、哪些是社团的，都要确权。否则，只搞资源性产品价格没有太多红利，空间也不是很大。所有权与市场经济吻合，要有一个环节，靠产权制度。公有也

好,私有也好,任何所有权实际上都有一个产权制度改革问题。我国贫富差距扩大,除了收入分配制度不合理外,更主要的原因是资源产权制度改革没有跟进。大量的资源通过不规范甚至违法渠道转化成了个人财富,进了少数人的腰包。

要在推进资源产权改革的同时,合理调整资源性产品价格,引导资源节约利用和环境保护。长期以来,我国资源性产品价格形成机制不合理,很难形成促使企业、居民节约利用的内在机制。对资源开发和环境保护实行有效控制,最有效的办法是使资源环境成本内部化。为此,一方面要在起点环节优化价格形成机制,适度引入竞争,另一方面要在终端合理调整价格,反映完全成本。当前,尤其需要推进电价和水价改革,尽快制定和出台污染减排的综合电价政策和水价政策。优化水电、核电及可再生能源发电定价机制,完善电价改革方案,有序推进竞价上网和输配电价改革。继续探索价格形成机制改革试点,完善政府、企业、消费者共同参与协商的定价机制。

二是加大资源环境税费改革。从整体来看,我国资源税收入贡献率很低,资源税占税收总额的比重平均仅为 0.59%,西方国家能源矿产权利金占税收总额的比重平均为 6.92%。从单个资源来讲,我国多数资源实际税收负担不足 1%,资源补偿费率平均为 1%,远没有达到节约资源、保护环境的目的,也有悖于税收的财政原则和公平原则。通常人们的生产和消费活动会排放污染物,进而破坏生态环境,产生社会成本,成为一种具有负外部性的行为。为解决外部性行为造成的资源配置扭曲,提高经济效率,必须建立一种机制,形成合理的发展方式,处理好经济发展与生态环境的矛盾。资源税和环境税费改革有双重效应,既可能增加发展成本,也可以倒逼提高效率,推动技术进步和替代产业发展。基于双重效应,相关的改革应考虑以下几点:第一,对改革的认识绝不能简单地理解为只是开征某种税,而应从建设生态文明出发,从推动我国经济发展方式转变的高度,以实现节能减排为核心,统筹谋划系统性的税制改革。第二,坚持有退有进的原则,进行税制的结构性调整,循序渐进,逐步提高资源环境税的税率及其在总税收之中的占比,力求实现制约浪费和鼓励节约的双重效应。第三,结合地方的资源禀赋与经济发展特点,以及国家的产业布局规划与区域发展战略,采取差异化的环境税收政策。对包含资源环境税在内的税收体系进行结构性调整,甚至在政府支出方面也作出相应调整,那么资源税和环境税将有可能在改善环境质量的同时,进一步发挥增加产出、促进就业、优化分配、调整结构、提高效率的作用。对污染物排放和资源使用征税,参考欧盟统计局的分类,主要包括能源税、资源税、污染税和交通税等;而具有激励节能环保功能的税收政策,主要包括税收减免、固定资产加速折旧、抵扣以及税收返还等。

三是健全资源有偿使用和生态补偿制度。按照谁开发谁保护、谁受益谁补偿的原则,完善经济政策的利益导向机制,充分发挥市场手段的激励作用。资源利用和环境保护涉及经济效益,也涉及社会效益,是市场与公益的交会点。应建立反映市场供求和资源稀缺程度、体现生态价值和代际补偿的资源有偿使用和生态补偿制度,区别不同情况分类补偿,重点建立自然保护区、重要生态功能区、矿产资源开发、流域水环境保护等领域的生态补偿机制。要研究设立国家生态补偿专项资金,推行资源型企业可持续发展准备金制度。积极探索建立排污权、水权、碳排放权交易制度。培育节能量和碳排放第三方核证机构,鼓励企业积极参与节能量交易和碳交易。开展水权交易,规范水权转让。

四是建立和完善资源环境管理制度。建立国土空间开发保护制度,通过财税制度改革,完善对重点生态功能区、生态环境修复的财政转移支付和专项支付。对国土空间实行统一管理,建立最严格的耕地保护制度、水资源管理制度、环境保护制度。切实落实《全国土地利用总体规划纲要(2006—2020 年)》,严格保护耕地,节约集约用地,统筹各业各类用地,加强土地生态建设,强化土地宏观调控。推进土地和户籍制度改革,根据环境承载能力进行城市化的科学布局,引导人口合理流动。改革投资管理和产业管理体制,按主体功能区制定区域产业发展规划,制定区域化的产业政策,区域功能差异管理投资。加强市场准入管理,实施强制性的能效标示制度,扩大和规范节能产品、绿色产品认证。

五是健全生态环境评价体系和政绩考核机制。建立体现生态文明要求的发展目标体系,安排任何发展任务都要加入资源节约和环境保护的考虑,增加而不是减少生态红利。完善相关统计指标体系,把资源消耗、环境损害、生态效益纳入经济社会发展评价系统。针对区域和城乡差异设立不同的政府和干部考核目标,增加生态相关指标权重,明确界定责任,配套完善干部考核任用办法。

六是加强法律法规建设。把环境战略、目标、制度和政策以法律形式固定下来,抓紧修订《环境保护法》,制定和完善大气污染防治法、水污染防治法、固体废物污染防治法、土地污染防治法。要解决好法律之间的协调配合问题,加强与法律相配套的政策法规的修订,从程序上和可操作性上增强法律的规范引导作用和约束力。健全生态环境保护责任追究制度和环境损害赔偿制度,加强环境监管,严格环境执法,提高环境违法成本。依法建立公众参与生态环境保护的保障制度,维护公民的环境权。完善多元化的生态环境公共治理体制,建设公众参与重大生态环境问题决策平台、生态环境保护监督平台和取得司法救助平台,推动信息公开与公众参与。

第五章　深化行政体制改革

王满传*

改革开放三十多年来,适应国内外形势的发展变化,伴随经济、政治、文化、社会等各领域改革的全面推进,我国行政体制改革不断深化,释放了体制改革的红利。未来中国,释放改革红利,仍然要靠深化行政体制改革。

一、三十多年来我国行政体制改革的历程和成效

在 2013 年启动新一轮国务院机构改革和职能转变之前,以 1982 年、1988 年、1993 年、1998 年、2003 年、2008 年的国务院机构改革为标志,我国进行了六轮比较集中的改革。

根据不同时期经济社会发展的要求,这几轮改革有不同的内容和重点。其中,1982 年和 1988 年的改革,主要是废除了人民公社体制,推进了乡镇基层政权建设,扩大了生产经营主体的自主权,放宽了地方和城市经济社会管理权限,大幅精简了政府机构和人员,开始改变与计划经济体制相适应的行政管理模式。1993 年和 1998

---

* 王满传,国家行政学院培训部教授。

年的改革,主要以政企分开为重点,培育市场体系,改革经济管理部门和经济管理方式,转变政府职能特别是经济管理职能,进一步下放权力,减少行政审批,调整政府系统关系特别是中央和地方的关系,进一步精简机构编制和人员,初步建立了与社会主义市场经济体制相适应的行政管理体制。2003年和2008年的改革,更加注重以人为本,着力构建有利于推动科学发展和社会和谐的体制机制;着眼于建立有中国特色社会主义行政体制的目标,合理界定和强调全面履行政府职能,更加突出了政府的社会管理和公共服务职能,整合调整政府组织机构,转变政府管理方式,规范政府行为,推进服务型政府和法治政府建设。

三十多年持续不断的行政体制改革取得了显著成效,主要表现在以下方面:

一是政府职能转变取得实质性进展。与计划经济时期相比,政府相对于市场、社会、企业、个人的职能定位已发生根本性转变。政府对微观经济运行的干预明显减少,企业的市场主体地位得到确立,市场配置资源的基础性作用明显增强,新型宏观调控体系逐步健全,政府的社会管理和公共服务职能不断加强。

二是政府组织结构不断优化。在纵向上,行政区划设置适应经济社会发展要求稳步调整,行政层级改革在探索中推进。2010年在河北等8个省份32个县(市)开展了省直管县体制改革试点,在13个省份的25个乡镇开展了经济发达镇行政管理体制改革试点,扩大镇级政府管理权限。通过调整权力配置、明确职责范围,中央和地方政府的关系、地方各级政府之间的关系更加顺畅。在横向上，各级政府机构持续精简，部门设置趋于合理，职责体系逐步健全，部门关系更加协调。

三是行政运行机制日渐完善。各级政府致力建立和完善行政决策规则和程序，建立和实行专家咨询、公众参与、集体讨论决定、决策失误责任追究等制度，行政决策科学化、民主化、法治化水平不断提高。行政执法体制改革持续深化，行政执法组织体系更加健全，行政执法程序化、规范化水平有了明显改善。多主体、多渠道、多形式的行政监督体系和制度建设加强。决策权、执行权、监督权既相互制约又相互协调的运行机制建设迈出重要步伐。

四是行政管理方式加快转变。各级政府逐步改变以往过多依赖行政命令进行直接干预和管制的管理方式，按照依法行政和以人为本的原则，加强依法行政的制度建设，注重更多发挥市场机制和社会力量的作用，采用现代科技手段，规范行政程序，简化管理流程，将法律制度、政府规制、计划指导、舆论引导、经济激励、主动服务等多种管理方式和手段相结合，使行政管理方式向更加科学化、规范化、柔性化、简便化转变，规范了行政行为，提高了行政效率，降低了管理成本，方便了人民群众。

五是行政人员队伍素质和能力显著增强。随着干部人事制度改革的不断深化和公务员制度的建立完善，我国行政人员队伍规模大幅缩小，结构逐步改善，思想政治素质、文化知识水平和业务能力普遍提高。

不断深化的行政体制改革极大地激发了经济社会活力，解放和发展了生产力，促进了社会和谐稳定，为经济持续发展和社会全面进步提供了有力保障。作为全面改革的重要组成部分,行政体制改革为三十多年来的国家发展和人民生活水平改善释放了巨额红利,也为人口红利、资源红利的产生和释放奠定了制度基础。

二、新形势下进一步深化行政体制改革的必要性

当前,我国已进入全面建成小康社会的决定性阶段,世情、国情、党情、政情继续发生着深刻变化,我国既面临着前所未有的良好机遇,也面临着前所未有的艰巨挑战。在复杂多变的形势下,要紧紧抓住和充分利用机遇,有效应对和成功化解挑战,必须在以往改革成果的基础上,进一步深化行政体制改革。

(一)这是推动上层建筑适应经济基础的必然要求

行政体制属于上层建筑的范畴。马克思主义基本原理告诉我们,经济基础决定上层建筑,经济基础发生变化,上层建筑也要随之变化。改革开放以来,我国生产力的各个组成要素发生了深刻变化,生产力水平大幅提高,2012 年我国人均 GDP 已超过 6000 美元。与此相适应,由生产力决定的生产关系,从所有制结构到产品分配、交换、消费关系,也发生了广泛而深刻的变化。目前,作为生产关系各方面总和的经济基础仍在变化。今后一个时期,随着我国经济社会的进一步发展,随着工业化、城镇化、信息化、农业现代化进程的深入,经济基础必将继续发生变化。只有进一步深化行政体制改革,并通过行政体制改革带动上层建筑其他方面的改革和建

设,才能更好地适应经济基础发展的要求,也才能为巩固和不断壮大经济基础创造有利条件。

(二)这是破除制约经济社会发展体制性障碍的迫切需要

现阶段,我国经济社会发展总体态势良好,但也存在一些突出问题,主要是:经济结构不合理,经济增长过多依赖投资,国内消费需求拉动作用偏低;发展方式粗放,高投入、高能耗、高污染的发展方式仍没有得到根本转变,科技创新能力不足;区域和城乡发展不均衡,收入分配不够合理,部分社会成员之间收入差距过大;资源利用率偏低,环境污染严重;经济社会发展不协调,教育、卫生、文化等社会事业发展和社会保障体系建设,特别是基本公共服务体系建设滞后;一些地方人民群众的合法权益得不到有效维护,引发社会矛盾的风险因素较多等。这些问题的存在,原因固然是多方面的,但深层的原因是体制机制不合理,很多问题更是与行政体制不完善直接相关。要解决这些问题,必须继续深化经济、政治、文化、社会等各方面体制改革,特别是要深化行政体制改革。只有进一步深化行政体制改革,才能破除制约现阶段经济社会发展的体制性障碍,促进经济持续健康发展和社会和谐进步。

(三)这是建立起比较完善的中国特色社会主义行政体制的必由之路

党的十七届二中全会通过的《关于深化行政管理体制改革的意见》,提出了到 2020 年建立起比较完善的中国特色社会主义行政体制的总体目标。党的十八大进一步提出,要按照这一目标,深入推进政企分开、政资分开、政事分开、政社分开,建设职能科学、结构优化、廉洁高效、人民满意的服务型政府。经过三十多年持续深入的改革,我国行政体制不断完善,总体上与现阶段经济社会发展要求基本适应,但与党中央提出的行政体制改革总体目标相对照,与党的十八大提出的新要求相比,现行行政体制还有不小差距,还存在不少问题和不足,主要是:政府职能转变不到位,越位、缺位问题仍然比较突出,对微观经济事务干预过多过细,一些该管的又没有管住管好;政府结构不够合理,不同层级间、不同部门间的职责划分不够清晰、权责不完全对等,一些领域机构重叠,一些部门人浮于事;行政运行机制不完善,决策、执行、监督环节关系不顺,行政权力运行不畅;政府管理方式不科学,行政效率偏低、成本偏高;对行政权力的制约和监督体系和制度不健全,行政行为不够规范。现在距2020年只有七年时间,要如期实现行政体制改革总体目标,落实党的十八大作出的部署,必须以更强的紧迫感和使命感,加快推进行政体制改革。

(四)这是体现党内外共识和顺应社会期待的重要举措

新中国成立六十多年来正反两方面的经验和教训表明,只有坚持改革开放,才能解放和发展社会生产力,才能加快国家现代化进程,才能让人民过上富裕、幸福的生活,才能实现中华民族的伟大复兴。在新的历史条件下,必须继续坚持改革开放,通过改革促发展,通过发展实现中国梦,这是全党全社会的普遍共识。党的十八大报告提出,改革开放是坚持和发展中国特色社会主义的必由之路。要始终把改革创新精神贯彻到治国理政各个环节。政府是受人民所托、代表人民行使公共权力、调配公共资源、管理公共事务的主体,行政体制是连接各方面体制的重要环节,行政体制改革的进展和成效直接影响着其他各方面体制改革的进程,因此,进一步深化行政体制改革是全面深化改革的关键。当前,无论是政界、商界、学界还是普通民众,或者为了促进事业的更好发展,或者为了消除现存体制的弊端,或者为了实现改善生活的愿望,或者为了解决事关切身利益的现实问题,普遍期待深化行政体制改革。进一步深化行政体制改革体现的是新一届中央领导集体的决心、全党的意志、人民的要求,是大势所趋、民心所向。

现阶段,深化行政体制改革也具备许多有利条件。一方面,三十多年来,我国经济持续发展,经济实力和综合国力大大增强,这为深化改革提供了比较坚实的物质基础,使改革决策有更大的选择空间和回旋余地;另一方面,三十多年的改革实践积累了丰富的经验,我们对行政体制改革的性质、特点、规律有了更深刻的认识和把握,规划和驾驭行政体制改革进程的能力也更强。我们必须抓住有利时机,凝聚各方共识,攻坚克难,坚定推进行政体制改革。

三、今后一个时期深化行政体制改革的主要任务

党的十八大报告对新形势下深化行政体制改革作出了重大部署,党的十八届二中全会和第十二届全国人大一次会议通过了《国

务院机构改革和职能转变方案》,这些重要文件为我们明确了今后一个时期深化行政体制改革的主要任务。

(一)加快转变政府职能

政府职能转变是行政体制改革的核心。只有切实转变政府职能,才能促进其他方面的改革顺利进行,保证其他方面改革取得更好的成效。早在1987年,党的十三大报告便提出"必须抓住转变职能这个关键",1993年的《政府工作报告》强调"要围绕转变政府职能这个中心环节",2008年党的十七届二中全会通过的《关于深化行政管理体制改革的意见》进一步明确,深化行政体制改革要以转变政府职能为核心。尽管随着认识的深化,党和政府把职能转变提到越来越重要的位置,并采取了很多改革举措,但是,政府职能转变仍然没有到位。一方面,政府仍然管了许多不该管的事。目前,仅国务院部门实施的行政审批事项还有1 700多项。另一方面,一些需要政府履行的职能又没能有效地承担起来,如环境保护、市场监管、一些社会管理和公共服务的职能比较薄弱。政府职能转变不到位在一定程度上抑制了经济社会活力,影响了市场和社会的良性运行,也制约了整个行政体制改革的进程。为此,必须按照党的十八大指明的方向和《国务院机构改革和职能转变方案》的精神,加大力度加快速度转变政府职能。

一是推进向市场放权,继续深化行政审批制度改革,大幅减少投资和生产经营活动审批事项,落实市场主体投资经营自主权,以充分发挥市场在资源配置中的基础性作用;大幅减少政府部门实施的名目繁多的各种资格资质认定,改革工商登记制度,降低企业和个人创业、就业的门槛和成本,以激发企业和个人创业就业的积极性和创造性。二是推进向社会放权,降低成立社会组织的门槛,鼓励和支持人民群众依法通过社会组织实行自我管理、自我服务和参与公共事务管理,重点培育和发展为企业生产经营和人民群众生产生活提供服务的社会组织,以更好发挥社会力量在管理公共事务中的作用,更好落实人民群众在国家治理中的主体地位。三是推进中央向地方政府放权,按照统一高效、分工合理、权责一致的原则,明确界定中央和地方各级政府的职责权限,强化中央在全国性、跨区域性事务方面的政策和规划制订、统筹协调管理职能;对于由地方投资且不产生全局性或跨区域性影响的项目、直接面向基层的生产经营项目以及适合地方管理的专项转移支付项目的审批和资金安排工作,对于大量面向市场、企业、人民群众的社会管理和公共服务事务,由地方政府实施;健全不同层级政府之间事权与财力相匹配、权力与责任相统一的体制,以充分调动中央和地方各级政府的积极性,使政府管理更加贴近基层、贴近市场、贴近企业、贴近人民群众。四是加强宏观管理,改善发展规划计划和政策的制定,强化全局性、跨地区性事务的统筹协调,完善宏观调控体系,消除地区封锁,维护法制统一、政令统一、市场统一。五是严格市场监管,打击欺行霸市、侵权盗版、制售假冒伪劣商品等违法违规行为,维护市场秩序,保护各市场主体的合法权益,特别是要加强事关人民群众身体健康和生命安全的商品质量监管。六是强化社会管理和公共服务职能,从体制机制、政策计划、资源投入、人员配置等多个方面,加强社会建设,增强社会管理能力,创新公共服务方式,引入竞争机制,发挥市场和社会力量的作用,更多地通过购买方式提供公共服务,政府办事而不养人和机构,提高公共服务水平。

(二)稳步调整政府机构

政府组织机构是政府职能的载体,组织机构设置是否合理直接影响到政府能否正确、有效地履行其职能。长期以来,我国高度重视政府组织机构的设置,并把机构设置的调整作为转变政府职能、改进政府管理方式的重要途径。从 1982 年到 2008 年的六轮行政体制改革都是以机构改革方案的颁布实施作为起点的,使得机构改革成为行政体制改革的代名词。新中国成立以来,我国各级政府机构设置历经调整,逐步走向合理化,但仍存在一些问题。有些领域机构设置过于分散,分工过细,造成职责边界不清、资源配置零散化;有些机构职能范围过宽,权力过于集中,影响管理效能,不利于行政权力运行的规范。随着政府职能转变的推进和深化,这些问题会更加凸显出来。今后一个时期,必须紧紧围绕政府职能转变,继续调整政府机构设置,理顺部门职责关系。

一是对职能相近、管理分散的机构进行整合,以利于优化资源配置,发挥组合优势,提高管理和服务水平。二是对职责交叉、相互扯皮,且长期难以协调解决的机构进行合并调整,以利于统筹管理、权责一致、责任落实。三是对职能范围过宽、权力过分集中的机构进行适当分设,并明确界定各部门的职责,以改变部门结构失衡现象,更好地对行政权力进行规范制约。四是对于政府部门的内设机构也要按精简、统一、效能的原则进行调整,逐步实行大司局、大处室设置。

需要注意的是,一级政府的机构设置与政府职能定位、所辖区域的特点等密切相关,其调整涉及职责重新分工、资源重新配置、人员重新安排,各级地方政府在机构设置上不应搞层层上下对口,也不宜过于频繁调整,而是需要与职能转变的进程相适应,因地制宜确定组织框架,并稳步实施调整。

(三)探索优化行政层级和行政区划设置

行政层级和行政区划设置构成了一个国家行政管理的基本架构,是政府实施行政管理的基础。合理的行政层级和行政区划设置对于促进国家经济社会发展、维护国家安全和稳定、有效满足人民群众的公共服务需求、提高政府管理效能都至关重要。在过去六十多年里,我国行政层级和行政区划设置做过一些调整,但总体上比较稳定。随着经济社会的快速发展、城镇化的推进、人民群众公共服务需求增长以及现代交通、通讯设施和技术的发展,现行行政层级和行政区划设置表现出一些不相适应的方面,需要适时加以调整优化。

一是在总结已有试点经验的基础上,在有条件的地区扩大省直管县和经济发达镇体制改革试点的范围,增加试点县、镇的管理权限。二是适应城镇化、城乡一体化、区域一体化等发展趋势,充分考虑管理层级和管理幅度的关系,探索调整行政区划,以利于促进区域经济发展、优化资源配置、提高社会管理和公共服务水平。三是适应当代城市发展需要和城市居民日益多样化的需求,探索城市辖区内的行政层级和区划调整,减少行政层级、强化基层管理和服务部门。

我国幅员辽阔,各地地理、历史、文化、经济社会发展水平等情况差异很大,调整行政层级和行政区划设置事关重大,不能搞一刀切,也不能急于求成,必须坚持从实际出发,在探索中前进。

(四)不断创新政府管理方式

政府管理方式是政府管理者行使行政权力的具体方式,决定着管理的效率和效能,也影响管理目标的实现。政府管理方式是否合理不仅取决于政府管理者自身,也取决于管理环境和管理对象,因而需要随着政府职能定位的改变、经济社会发展水平的提高、管理对象素质和要求的变化而不断调整。经过三十多年的改革开放,我国行政权力运行的环境已发生深刻变化,主要表现为:市场机制日益成熟,在资源配置中发挥着基础性作用;人民群众受教育水平大幅提高,自我管理和服务、参与公共事务管理的愿望和能力显著增强;不同类型的正式和非正式社会组织数量众多,仅在民政部门登记的社会组织就有近 50 万个,此外还有大量没有登记但在开展活动的社会组织,它们在社会事务管理中发挥着重要作用;以互联网为代表的现代电子通讯技术快速发展和广泛应用,正在改变人们的生产和生活方式,也改变着公众与政府管理者的关系。要适应这种新的行政环境,政府必须摈弃过多依赖于行政命令的管理方式,创造性地采用多种方式实施管理。

一是强化法治意识和能力,运用法治思维和法治方式履行政府职能,更多地通过制定和实施法律制度引导、规范各个社会主体。二是在推进向市场放权的同时,更多发挥市场机制的作用,利用利益诱导机制、竞争机制等,采用各种经济手段实施间接管理。三是在培育和规范社会组织发展的基础上,更多发挥各种社会组织和群体的作用,通过利用行业自律、引导社会舆论、发动公众参与等方式实施管理、提供服务。四是充分利用现代科学技术,特别是现代电子通讯技术,推行电子政务,建设新型管理和服务平台,创新管理手段,优化管理流程,以提高管理效率,降低行政成本,增强便利性。

(五)着力强化对行政权力的制约监督

行政权力只有得到有效的制约和监督,才能保证权力的运行规范高效,才能保证权力的使用为公为民,这已为中外历史所反复证明。我们党和政府高度重视对行政权力的制约和监督,特别是近年来更是不断加大制约监督力度,取得了明显的成效。但是,同其他国家一样,行政权力的制约和监督总是难言完善。由于制度不健全和落实不到位等原因,我国对行政权力的制约和监督还存在不少漏洞,导致懒政乱政、滥用权力、以权谋私、贪污腐败等问题的发生。这些问题严重影响党和政府的形象,阻碍经济社会发展,损害人民群众的利益。因此,深化行政体制改革必须把强化对行政权力的制约监督作为一项紧迫任务。

一是进一步完善对行政权力的制约和监督体系,通过建立健全和落实好相关制度,更好地发挥各级权力机关、人民政协、司法机关、纪检监察部门、新闻媒体的监督作用。二是通过调整机构设置、合理职责分工,适当分散行政权力,形成决策、执行、监督既相互制约又相互协调的机制。三是进一步细化制约行政权力运行的规范和标准,包括权力运行规则和程序、对行使行政权力产生结果的评估和问责制度等。四是进一步完善政务公开制度,切实推进政务公开,扩大政务公开范围,规范政务公开过程。特别是要加快推进公共财政的公开,把公共资金的来源、配置、管理、使用、产生的效果、审计结果等情况置于人民群众和社会监督之下。这样,既可以保证公共资金的使用更加合理、更有效益,又可以有效减少浪费、防止腐败。五是制定和实施不动产统一登记、金融账户实名登记、现金管理等制度,为制约和监督行政权力运行和使用创造有利的制度环境。

(六)有序推进事业单位改革

事业单位改革是推进政府职能转变、建设服务型政府的重要举措,是提高公益服务水平、加快各项社会事业发展、满足人民群众公共服务需求的客观需要。改革开放特别是党的十六大以来,很多地区和部门开展了事业单位改革探索,积累了有益经验,取得了良好成效。但是,政事不分、事企不分、事业单位管理体制不完善、服务质量和效率不高等问题仍没有得到有效解决,影响政府职能的履行和社会事业的发展。2011 年党中央和国务院提出了《关于分类推进事业单位改革的指导意见》,按照社会功能将事业单位分为承担行政职能、从事生产经营活动和从事公益服务等三个类别,并将从事公益服务的事业单位进一步细分为公益一类和公益二类,分类对事业单位的改革方向、目标和重点做出了部署。下一步,要按照指导意见的精神,有序推进事业单位改革。

一是在清理规范现有事业单位的基础上,进一步细化和明确分类标准,特别是公益类与行政类、公益一类与公益二类之间的划分标准,妥善处理好一些兼具多种功能事业单位的归类,尽快完成事业单位分类工作。二是创新公益类事业单位管理体制,按照政事分开的原则,理顺行政主管部门和事业单位的关系,切实减少行政主管部门对事业单位的直接干预,积极探索管办分离的有效实现形式,逐步取消行政级别,探索建立符合国情的事业单位治理结构。三是深化事业单位人事、收入分配、财政投入等制度改革,转换用人机制,建立和完善体现岗位绩效和分级分类管理的收入分配制度,对不同类别事业单位实行不同的财政扶持办法,健全监管制度,提高事业单位提供公共服务的质量和效益。

四、推进行政体制改革需要注意的几个问题

在推进行政体制改革的过程中,需要注意以下几个问题:

一是要与其他方面改革的进程相协调。行政体制改革是全面深化改革的重要组成部分,与经济体制、政治体制、文化体制、社会体制、生态文明制度等方面的改革紧密联系在一起。行政体制改革会影响和促进其他方面的改革,其他方面的改革也往往涉及政府职能的重新定位、管理方式的相应转变等环节。因此,行政体制改革

不能脱离其他领域的改革单独推进,其重点的选择、进程的把握必须与其他方面的改革相协调。

二是要顶层设计与基层探索相结合。行政体制改革涉及众多领域,影响多个方面,特别是现阶段,我国改革进入攻坚期、深水区,必然触及一些深层矛盾,带来较大利益调整,因而会遇到较大阻力和困难。在这种情况下,必须通过顶层设计才能登高望远,确定正确的改革方向和路径,才能发挥权威,凝聚更大的能量冲破阻力、克服困难,从而把改革不断向前推进。另一方面,尽管我国行政体制改革的总体目标已经明确,但在向这一目标迈进的过程中,各种内外部环境因素瞬息万变,改革内容和任务复杂多样,顶层设计者不可能把各种细节要素都看得很清楚,更不可能针对各种情况提前开好药方,预备好改革举措,而是需要各个地方各个部门,特别是一线实践者进行大胆探索,积累改革经验。建立完善的中国特色社会主义行政体制是没有先例可循的崭新事业,只有在大量探索的基础上不断积累经验,总结和摸清行政体制改革的规律,才能做好顶层设计,进而指导和推动更全面更深入的改革。我们必须把顶层设计和基层探索结合起来,才能把行政体制改革稳步向前推进。

三是在推进职能转变中要"放权"与"收权"并重。当前,在政府职能方面,我们既存在管得过多过细的问题,也存在管得不够不好的问题。在推进转变政府职能中,一方面需要在对各级政府部门的现有职能进行系统细致清理的基础上,大力简政放权,放松对市场和社会的规制,向市场主体和社会主体转移更多的权力,以激发经济社会活力;赋予地方和基层政府更多自主权,以调动各级政府的积极性,提高管理效能和行政效率。同时,要看到,我国在宏观调控、市场监管、社会管理、公共服务等方面的有些领域,管理权力和资源配置过于分散,不利于国家的统筹发展,不利于法制、政令、市场的统一,不利于建立和维护良好的经济社会发展秩序。因此,需要采取针对性的措施,对相关职权和资源进行适当集中,收归相应层级和部门,以强化管理权的统一和权威。与此相应,在继续深化行政审批制度改革、减少和下放审批事项的同时,需要加强和改善对有关市场和社会主体行为过程和结果的监管,强化对地方和基层政府的指导和监督。要认识到,减少审批、下放权力,并不意味着政府职责的弱化。审批是"一次性"的源头管理,监管是长期性的过程管理,减少审批、强化监管,对于各级行政机关而言,体现的是行使权力向承担责任的转变、是实施管理向提供服务的转变,要求更高、任务更艰巨。

四是要注重机构改革的实际效果。随着政府职能和管理方式的转变,必然需要继续对政府机构进行改革。应该认识到,机构改革的目的不是为了增减或撤并机构,而是要通过调整政府组织机构设置和职能配置,形成规模适度、结构合理、分工明确、权责一致、运转高效的组织体系。衡量政府组织机构设置是否合理的最重要标准,不是政府规模的大小、部门数量的多少,而是能否适应经济社会发展需要,能否规范、高效地履行职能。因此,在推进机构改革中,不能把机构改革等同于大部门制改革,而要从实际需要出发,该撤销的撤销、该整合的整合、该分设的分设。同时,对于整合调整后的机构,要在整个部门内统筹配置职责、资源,统筹考虑机构设置、人员安排,以真正实现职能的有机统一,达到机构整合的目的。要防止出现貌合神离的现象,即虽然机构整合了,但职责整合不到位,履行职责所需的资源没有整合配置。

当前,建设中国特色社会主义事业进入新的历史时期。在新的形势和条件下,我们必须按照党的十八大提出的目标要求和任务,进一步深化行政体制改革,以转变政府职能为核心,通过优化政府结构、改进运行机制、转变管理方式,建设创新政府;通过强化对行政权力的制约监督、健全配套制度,建设廉洁政府;通过增强法治意识和能力、完善依法行政的制度,建设法治政府,为推进我国经济持续健康发展和社会和谐进步、实现全面建成小康社会的目标,提供重要的体制机制保障。

第六章　建设法治政府

胡建淼[*]

自党的十八大以来,习近平总书记在几次讲话中反复强调,"坚持依法治国、依法执政、依法行政共同推进,坚持法治国家、法治政府、法治社会一体建设",将"法治政府"建设纳入法治国家和法治社会的综合法治系统中加以推进和建设。两会以来,新一届中央人民政府确立了持续发展经济、不断改善民生和促进社会公正三大任务,以及建设创新政府、廉洁政府和法治政府三大保障体系,法治政府成为保障本届政府顺利完成三大任务的主体和条件。我们认为,法治政府本身就是改革红利;同时,法治政府又是继续创造红利和公正分配红利的重要保障。

一、党的十八大"法治"精神与法治政府建设的推进

(一)法治政府目标的确立

1997 年 9 月,党的十五大确立了实行依法治国,建设社会主义

---

* 胡建淼,国家行政学院法学教研部教授。

法治国家的基本方略。1999年3月,第九届全国人民代表大会第二次会议将"依法治国"载入宪法,从而将党的意志转化为国家意志并以根本大法的形式固定了下来。2002年11月,党的十六大报告指出"发展社会主义民主政治,最根本的是要把坚持党的领导、人民当家作主和依法治国有机统一起来",并明确提出了"推进依法行政"的重要任务。为贯彻落实党的十六大战略部署,国务院于2004年3月发布《全面推进依法行政实施纲要》,第一次确立"建设法治政府"的奋斗目标。事后又通过三个文件,即《关于推行行政执法责任制的若干意见》、《关于加强市县政府依法行政的决定》和《关于加强法治政府建设的意见》,全面落实"建设法治政府"的任务。2007年10月,党的十七大报告又将法治政府建设列入实现全面建设小康社会奋斗目标的新要求。

法治政府是依法行政的法治目标。依法行政是为了建设法治政府;法治政府必须依法行政,不坚持依法行政的政府不可能是法治政府。依法行政的基本要求是,做到合法行政、合理行政、程序正当、高效便民、诚实守信、权责统一。

在党中央的统一领导下,国务院全面部署,人民群众积极支持和配合,我国各级行政机关推进依法行政、建设法治政府,取得了较大成效。同时,对照法治政府的建设目标,尚存在一定的差距。

(二)党的十八大与法治政府

党的十八大报告在党的十六大和十七大报告的基础上,将"依法治国"精神提到了一个更新的高度,并将"法治政府"建设与全面建成小康社会紧密地联系起来，明确提出到 2020 年全面建成小康社会时，"依法治国基本方略全面落实，法治政府基本建成，司法公信力不断提高，人权得到切实尊重和保障"。党的十八大报告为"法治政府"建设确定了时间表，那就是：到 2020 年小康社会全面建成之日，也是"法治政府基本建成"之时。这不仅加深了我们对法治政府建设重要性的认识，同时也加重了我们对法治政府建设的紧迫感。继续推进依法行政，加快建设法治政府，是党的十八大确立的法制建设任务之一，也是本届政府的重要工作。

自党的十八大以来，习近平总书记在 2012 年 12 月 4 日首都各界纪念现行宪法公布施行 30 周年大会上作了重要讲话，首次提出"坚持依法治国、依法执政、依法行政共同推进，坚持法治国家、法治政府、法治社会一体建设"。2013 年 2 月 23 日，习近平总书记在中共中央政治局第四次集体学习时作了再次强调。这些讲话精神，将"法治政府"建设纳入法治国家和法治社会的综合法治系统中加以共同推进和一体建设，"法治政府"建设的理论、实践和方法都达到了新突破。

(三)创新政府、廉洁政府、法治政府统一于人民政府

两会以来，新一届国务院领导班子确立了持续发展经济、不断改善民生和促进社会公正的三大任务，以及建设创新政府、廉洁政府和法治政府的三大保障体系。这表明，创新政府、廉洁政府和法治政府是新一届中央人民政府所确立的政府建设的完整目标。

创新政府，是指依靠改革开放，激发经济和社会活力，推动经济

发展和社会进步的政府。创新政府,就是在路线上坚定不移地继续高举改革开放旗帜,在方法上坚持改革创新。改革开放,是由党的十一届三中全会所做出的事关中国命运的关键抉择,是发展中国特色社会主义,实现中华民族伟大复兴的必经之路。党的十八大报告再次强调,只有中国特色社会主义才能发展中国。改革开放是我国的强国之路,我们要毫不动摇地坚持改革开放。改革开放的实质是解放和发展社会生产力,进一步解放人民思想,建设有中国特色的社会主义。改革创新,是我们的时代精神,科学发展观的要求,建设"创新型国家"的体现。改革创新,就是指在现代社会主义建设的道路上,在道路自信、理论自信和制度自信的前提下,改掉旧的、不合理的观念、理论和做法,不断开创新的事物,使我们的理论和制度更加合理,工作实践更富有成效。以改革创新为核心的时代精神,是马克思主义与时俱进的理论品格、中华民族开拓进取的思想品格与改革开放和现代化建设实践相结合的伟大成果,已经深深融入我国经济、政治、文化、社会和生态文明建设的各个方面,成为中华民族复兴的力量源泉。我们的改革已进入到深水区和攻坚期,我们的政府如果没有改革的勇气和创新的智慧,就无以兑现自己的承诺。

廉洁政府,是指坚持反腐倡廉、勤俭节约、严格自律的政府。廉洁自律、勤俭节约是我们党和政府的优良传统。建设廉洁政府的关键在于反腐。十八大报告指出,现在"一些领域消极腐败现象易发多发,反腐败斗争形势依然严峻",并号召全党"坚定不移反对腐败"。权力腐败已成为当前我国民众对政府不满意的主要原因。要真正从机制上解决腐败问题。反腐工作必须制度化、常态化、法治化。防止以集中的腐败代替分散的腐败,以监管者的腐败代替被监管者的腐败,特别要防止反腐者本身的腐败。通过立法建立财产申报与公开制度,让"表哥"、"房叔"成为反腐工作中的个案,避免反腐败成为"往城墙内砸砖头"。建设廉洁政府还应当倡廉。倡廉有赖于改变工作作风,反对形式主义,防止奢侈浪费,提高工作效能。政府工作要讲成本,防浪费。不计成本的政府不会被人民所接受,讲排场、奢侈浪费的政府不可能受到人民的拥护。最近,党中央制定和公布了关于改进工作作风、密切联系群众的八项规定,受到全党全国人民的高度赞誉。各级政府将"八项规定"落到实处,必定会让全体人民满意。

法治政府,是指坚持依法行政的政府,是坚持科学立法、严格执法和带头守法的政府。法治政府是实现持续发展经济、不断改善民生和促进社会公正三大任务的主体。持续发展经济是政府的中心工作,改善民生是政府的基础工作,促进社会公正是政府的重要工作目标,这些工作都是由各级人民政府,在人民群众的支持和配合下,统一主持、部署并主导推进的。没有各级政府的主导作用,三大任务是不可能完成的。法治政府又是实现持续发展经济、不断改善民生和促进社会公正三大任务的条件。实现持续发展经济、不断改善民生和促进社会公正,是极为艰巨的重要任务,一个"人治政府"是无法担当起这一重任的。今天的时代已不是过去的时代,今天的民众也与过去不同,他们有更多更新更高的企盼;今天的社会关系也已不像以前那么单纯,官民关系与贫富关系交叉而敏感。政府机关依赖传统的经验性、运动式方法已经过时。只有法治政府才能担当此重任,只有用法治精神、法治思维和法治方式才能适应新时期的工作需要。

创新政府、廉洁政府和法治政府,统一于人民政府,渊源于人民政府。我们之所以要建设创新政府、廉洁政府和法治政府,是人民政府的本质要求。人民政府是人民的政府。人民是政府权力的来源,人民是政府服务的对象。人民政府是人民的公仆。我们的政府是坚持党的领导、人民当家作主和依法治国有机统一的政府,是以人民主权为本质、以民主为基础、以法律为行为准则的政府。我们的政府是廉洁自律、充满创新活力的政府。集创新、廉洁和法治于一身的人民政府,才能符合全心全意为人民服务的最高宗旨,并能有效完成人民政府的神圣使命。

二、法治政府是发展经济、改善民生、促进社会公正的重要保障

(一)法治政府与发展经济

根据党的十八大精神,本届政府将持续发展经济列为首要任务。中国的高速经济发展时期已经过去,现在能否做到持续发展是关键。对照 2020 年全面建成小康社会的目标,我们需要保持年均增长 7% 的速度,这是一项非常艰巨的任务。可以料想,未来中国经济环境依然会严峻复杂。我们要保持经济持续增长,防范通货膨胀,控制潜在风险,使中国经济不发生大的波动,不仅需要拥有驾驭经济的能力,更需要有法治政府的管理环境。

　　法治政府将通过法规和制度将已有的经济改革成果固定下来。自十一届三中全会以来,我国的经济改革已取得了巨大成就:在基本经济制度上,从单一公有制经济转变为以公有制为主体、多种所有制经济共同发展的基本经济制度;在资源配置方式上,从单一的计划经济转变为对市场调节机制的完善;在收入分配制度上,从单一的按劳分配转变为以按劳分配为主、多种分配方式并存的分配制度;社会生产力得到空前的解放,人民生活水平大幅度提高。为了保持和巩固已有的经济改革成果,政府不仅将通过法规和制度将改革成果固定下来,而且要让它们转化为新的法律制度,以保证改革开放及成果不因领导人的改变而改变。

　　法治政府将通过法治方式稳定和完善市场规则。市场经济之所以成为市场经济是在于它的市场法则。公平、自由、竞争是市场经济的核心规则。我们要将这些自然的经济规则上升为法律规则,才能使市场经济永固有序;只有将经济规则上升为法律规则,才能使经济主体当其违反市场规则时不仅承担经济上的后果,同时也承担不利的法律后果。法治政府是市场规则的守护者,它可以通过法治方式维持市场秩序。

　　法治政府将通过法治方式保障机构改革和职能转变方案的实施和推进。十二届全国人大一次会议表决通过了《国务院机构改革和职能转变方案》,它标着国务院机构改革和职能转变从研讨、设计阶段进入实施阶段。党的十八大提出要加快完善社会主义市场经济体制,党的十七届二中全会提出到 2020 年建立起比较完善的中国特色社会主义行政管理体制。没有完善的行政管理体制就不会有完善的市场经济体制。国务院机构改革和职能转变正是我国行政管理体制改革的重要内容。深化行政体制改革的核心便是转变政府职能,政府职能的转变重在处理好政府与市场、政府与社会的关系。法治将会有效地推进机构改革和职能转变;法治政府不是一个对市场和社会无所不管的政府,但也不是一个对市场和社会监管不严甚至不作监管的政府。

法治政府将通过立改废推进改革、扫除障碍,保障经济的持续健康发展。中国的改革已进入攻坚期和深水区,任务更加艰巨。政府应当在党的领导下,充分发挥法治的作用,要通过立法,将改革方案转化为立法方案,通过法律的实施推进改革;要将阻碍改革的旧法律进行修改和废止,扫除改革的制度障碍,实现经济持续健康发展的任务,打造中国经济的升级版。

(二)法治政府与改善民生

改善民生,是本届政府的重要任务。所谓民生,主要是指民众的基本生存和生活状态,民众的基本发展机会、基本发展能力和基本权益保护的状况和程度。教育、就业、收入分配和社会保障,乃是民生的四大基本问题。改善民生,是党的十七大所确立的一项战略,彰显了中国共产党立党为公、执政为民的崇高理念。党的十八大报告指出,"要把保障和改善民生放在更加突出的位置"。人民政府是改善民生工作的具体实施者。改善民生,就是要多谋民生之利,多解民生之忧,解决好人民最关心最直接最现实的利益问题,做到学有所教、劳有所得、病有所医、老有所养、住有所居,努力让人民过上更好生活。

改善民生是一项系统工程,要积极、稳妥、有序地推进。改善民生也是一项法治工程,要以法治方式构建,杜绝"一哄而起"、"运动式"和形式主义。改善民生要立法先行,制度保障;有关民生的法律制度只要一经形成,就必须严格执行、遵守、落实。改善民生是人民政府的基础工作。人民政府作为法治政府,民生工作才能在法治轨道内推进,不至于成为轰动一时、昙花一现的"政绩工程"。

(三)法治政府与促进社会公正

促进社会公正,是本届政府工作的价值取向。社会公正是社会公平与正义的合称。社会公平,主要是指公民参与经济、政治和社会其他生活的机会公平、过程公平和结果分配公平;社会正义,主要是指以人为本、使人向善的道德标准。社会公正是社会主义制度的首要价值,是社会创造活力的源泉,也是提高人民满意度的衡量尺度。实现社会公平正义是社会和谐发展的基本要求和目标,也是一个文明社会进步的标志。

让政府成为法治政府,就是让政府一方面成为促进社会公正的主体,同时又成为社会公正的守护神。作为促进社会公正的主体,政府应当坚持以人为本,以有利于社会和谐发展为前提,妥善协调社会各方面的利益关系,正确处理人民内部矛盾和其他社会矛盾,充分保障人民在政治、经济、文化、社会等方面的权利和利益;作为守护社会公正的主体,政府应当通过科学立法创建公正制度,通过严格执法制裁各种违反公正行为,通过有效裁决及时处理各种纠纷,让社会的发展不偏离公正的轨道。公平正义本身就是法治的价值观,它与法治政府建设完全一致。法治政府理应将促进和维护社会公正作为其神圣的使命。

三、法治政府是改革红利并能保障改革红利的公正分配

(一)改革是最大的红利

从经济学上说,红利是公司分配给股东的利润。改革红利,是指国家通过体制变革和机制创新给人类社会发展进步带来的全部有益成果的总和。"改革是最大的红利",这不仅表明了中央政府继续坚持改革开放的决心,而且提出了一个科学性命题,包含着丰富的内涵。

改革红利是"投资"与"回报"的关系。改革是一种"投资",红利就是它的"回报"。中国改革开放三十多年来,社会生产力得到解放,经济得到快速发展,从国家面貌到个人生活都发生了天翻地覆的变化,这就是改革带来的最大红利。没有"回报"的"投资"是失败的"投资",没有"红利"的改革也同样是失败的改革。改革红利证明中国走改革开放之路是完全正确的。

改革红利就是制度红利。改革红利不是指人口红利,而是指国家通过制度改革和创新所带来的经济发展、社会进步和人们生活水平的提高的"获益"结果。我们以前单靠人口优势的时代已经过去,取而代之的则是制度和制度改革带来的优势。

改革红利不仅在于创造了红利,还在于要让人们公平地分享红

利。中国三十多年来的改革开放所带来的成果是有目共睹的。现在的关键是要让改革成果人人享有,至少也要做到让大多数人受益,而不是成为少数人的私囊之物,这才能表明改革之成功。

改革红利不仅证明了过去的改革带来了红利,而且还表明,继续坚持改革还会继续带来红利。所以,我们要坚定不移地走改革开放的强国之路,做到改革不停步、开放不止步,让全国人民享用更多的改革红利。

(二)法治政府本身就是改革的红利

在改革红利中,改革是因,红利是果;在改革红利中,改革是投资,红利是收益回报。实施改革开放三十多年来,社会生产力空前提高,人们的创新性积极性得到激发,经济得到快速发展,国家的经济和人们的生活达到了前所未有的水平,全国人民已看到、享受到了改革所带来的实际成果,看到和尝到了改革的红利。

在改革所带来的各种红利中就包括法治政府。法治政府建设及法治政府的建设成就,本身就是改革的红利之一。党的十一届三中全会确定改革开放路线时,同时提出了民主与法制的要求。改革开放是民主与法制的前提,民主与法制是实施和坚持改革开放的保障,两者是相辅相成的。在改革的推动下,在党的十一届三中全会所确立的民主与法制的基础上,党的十五大确立了"依法治国,建设社会主义法治国家"的基本方略。为了贯彻落实这一治国方略,党的十六大确立了"推进依法行政"的战略任务。依法行政显然是对依法治国的深化。为落实党的十六大所确立的推进依法行政的战略部署,党中央、国务院确立了"法治政府"的建设目标。法治政府显然是法治国家的组成部分。党的十八大报告明确要求,到2020年全面建成小康社会时,"法治政府基本建成"。虽然我们今天尚未完成十八大报告关于法治政府的建设任务,但我们坚持依法行政,推进法治政府建设,已取得了显著成效,这一"红利",是我们党领导人民坚持改革开放的结果、推进民主与法制的结果。

(三)法治政府是继续创造红利和公正分配红利的重要保障

"改革是最大的红利",不是让我们满足于已有的改革和已有的改革成果,不是让我们捧着装有红利的"饭碗"睡觉。我们政府的任务是,要以已有的改革和已有的改革成果为基础,继续推进改革,特别是一些重要领域的改革,以新的改革创造新的红利;同时,要对已经获取的红利和将要产生的红利,建立起公平的分配机制,让全社会成员共享。

继续改革必须在法治的轨道内进行。法治为改革创设依据,法治为改革设定轨道,法治为改革提供保障。同样,法治也为更有效地创造红利和更公正地分配红利,发挥不可替代的作用。改革是红利,改革带来国家富强、人民富裕;改革是红利,改革成果人人享受,让人民走向共同富裕。作为法治政府,应当通过行政立法、行政执法、行政裁决来继续规范和保障改革红利的最大化和公正性,以法治精神、法治思维和法治方式来阻却少数人利用"改革黑洞"获得丰厚的"改革红利"。法治政府将引导和保障社会公正,使改革红利成为新的发展动力,而不是成为新的矛盾根源。

后 记

中国改革,已走过了三十多年波澜壮阔的历程。改革释放了巨大的红利,改变了中国和世界。当前,改革仍然处于艰苦的攻坚阶段。党的十八大强调以更大的政治勇气和智慧深化改革,并做出了新的部署。人民群众希望改革不断深化,并分享改革的成果。

李克强总理指出:改革,是中国最大的红利。如何理解这句话的深刻内涵?怎样继续推进改革?如何靠改革释放红利?如何分享改革的红利?这些都需要我们认真思考。

国家行政学院决策咨询部、经济学部和中国行政体制改革研究会组织了研究讨论,部分专家执笔撰写了本书。国家行政学院出版社乔兵总编辑为本书出版做了许多有益的努力。由于水平有限,书中内容和观点如有不妥之处,欢迎读者批评指正!

慕海平　张占斌

2013 年 4 月 28 日